# 基于智能计算的船舶舱室
# 虚拟装配工艺规划

杨东梅　赖初荣　著

哈尔滨工程大学出版社
Harbin Engineering University Press

## 内 容 简 介

本书论述了船舶舱室智能虚拟装配方法,主要由以下内容组成:舱室装配规划国内外研究现状,面向虚拟装配规划的产品层次信息模型,基于智能算法的装配序列规划和装配路径规划,针对虚拟装配规划的碰撞干涉检测技术,典型舱室装配工艺规划原型系统,等等。

本书可供计算机应用技术专业的研究生、教师或从事船舶舱室工艺规划研究工作的相关科研人员参考使用。

**图书在版编目(CIP)数据**

基于智能计算的船舶舱室虚拟装配工艺规划 / 杨东梅,赖初荣著 . — 哈尔滨 : 哈尔滨工程大学出版社,2022.9
ISBN 978 - 7 - 5661 - 3736 - 4

Ⅰ.①基… Ⅱ.①杨… ②赖… Ⅲ.①船舱—装配(机械)—工艺规划 Ⅳ.①U663.8

中国版本图书馆 CIP 数据核字(2022)第 194494 号

基于智能计算的船舶舱室虚拟装配工艺规划
JIYU ZHINENG JISUAN DE CHUANBO CANGSHI XUNI ZHUANGPEI GONGYI GUIHUA

选题策划　薛　力　唐欢欢
责任编辑　张　彦　关　鑫
封面设计　李海波

出版发行　哈尔滨工程大学出版社
社　　址　哈尔滨市南岗区南通大街 145 号
邮政编码　150001
发行电话　0451-82519328
传　　真　0451-82519699
经　　销　新华书店
印　　刷　哈尔滨午阳印刷有限公司
开　　本　787 mm×1 092 mm　1/16
印　　张　8.25
字　　数　195 千字
版　　次　2022 年 9 月第 1 版
印　　次　2022 年 9 月第 1 次印刷
定　　价　59.80 元

http://www.hrbeupress.com
E-mail:heupress@hrbeu.edu.cn

# 前 言

## PREFACE

虚拟装配技术为船舶行业带来了全新的设计理念，在本质上将传统制造设计从繁冗的设计到生产的不断修改、多次试制的过程中解脱出来。装配工艺规划是舱室环境最核心的部分。本书着重对基于智能计算的装配工艺规划进行深入研究，主要内容如下。

针对舱室装配工艺规划的复杂性，提出面向舱室装配规划的产品层次信息模型，将舱室模型信息依次存储在舱室装配属性层、面片显示层、装配关系层及过程信息层，各个层次间通过零件索引号进行数据间的约束与映射，从而实现舱室模型信息层级间的相互关联。以装配语义形式描述装配过程中零件间的配合约束，建立干涉矩阵和线性自由度矩阵描述舱室部件间的组合关系；同时，为舱室模型引入过程信息描述，以得到舱室装配序列、路径等动态描述信息，并借助过程信息，对零件模型的装配关系进行精确的评价。层次信息模型利于装配系统依据不同的装配任务对各个层级的模型信息进行读取，从而提高装配效率。

针对舱室装配序列求解过程中出现的"组合爆炸"现象，在建立拆卸干涉矩阵的基础上，提出改进蚁群算法进行装配序列求解，只有在一次迭代循环中找到最优拆卸序列的蚂蚁在相应的路径上增加全局信息素；选取蚂蚁的个数等于初始可行拆卸操作的数目。对于具有较强约束的零部件，强约束条件减少了算法初始可行的拆卸操作，限制了选择问题的解空间，算法效率明显提高。

针对结构较复杂的舱室，结合遗传算法和蚁群算法求解舱室序列的特点，提出遗传蚁群混合算法求解最优装配序列。算法的主要思想：每当蚂蚁完成一次周游后，将蚂蚁构建的可行序列加入遗传算法的初始种群，遗传算法对该可行装配序列进行全局优化，并依据优化后生成解的质量在对应的蚂蚁爬行路径上释放相应浓度的信息素，如此循环交叉调用遗传算法和蚁群算法，使遗传蚁群算法求精能力显著增强。

提出遗传算法与栅格法结合进行装配路径规划，采用栅格表示装配体的初始位置及装配空间环境地图，而栅格路径的序号不是以传统的二进制作为种群个体的编码，适应度函数转换为寻找装配体的最优装配路径，保证了舱室装配过程中装配体的路径为最优安装路径，提高了算法的搜索效率，同时有效避免了传统搜索算法的局部极小值问题。

构建一个船舶舱室装配原型系统，提出该系统的构建思想和体系结构，并采用内存调度策略、多线程的运动控制完善装配系统性能。采用基于相对位置的碰撞干涉剔除，由部件当前位置、移动方向、相对位置之间的关系来约束装配体的位置变换，从而完成部件安装；提出基于径向基神经网络的场景调度策略，将虚拟化身当前视点状态作为网络的输入样本，利用径向基神经网络预测当前视点的后续状态。获得当前视点的后续状态后，结合视锥体进行取景，即可进行场景调度。漫游过程中化身以"沉浸"方式身临其境体验舱室装配规划方案，使装配过程能更真实地回溯。

著　者

2022年3月

# 目　录

## CONTENTS

# 第**1**章

## 绪　　论

### 1.1 本书的目的和意义

当前加速发展的市场经济要求各个企业不断缩短产品从设计到生产的周期，虽然CAD/CAM等软件的应用能够为设计人员提供很多后续设计所必需的信息，但不能为设计者提供一个模拟生产过程管理的直观环境。舱室装配是最近几年提出的一个新的概念，填补了CAD/CAM和生产过程管理之间的鸿沟，以在计算机上制造数字化产品为目的。其定义是：舱室装配是实际装配过程在计算机上的映射，即采用计算机仿真技术与虚拟现实技术相结合，在高速网络的支持下，在高性能计算机上协同工作，实现产品设计、装配分析，以增强制造过程各级的决策与控制能力[1]。舱室装配是虚拟技术在生产领域中的应用，在装配过程的上游（设计阶段）进行零部件的虚拟集成，在此阶段解决生产中可能发生的问题，通过对设计的优化达到零部件一次性装配成功。

船舶舱室装配设计是一个不断反复、螺旋上升的过程，传统的设计方法是借助于系统提供的鼠标、键盘等交互方式，反复设计，逐步求精，使得船舶舱室设计过程烦琐冗长，自动化程度较低。为缩短船舶产品的设计周期，提高设计效率和质量，减少船舶设计所需的时间与成本，人们开始寻求与探索新的设计理论、方法与工具，将虚拟现实与船舶产品设计相结合的虚拟设计技术便应运而生。在虚拟环境中，船舶产品模型从交互与行为表现上均高度接近于现实产品，设计者无须通过实物样机就能对产品设计结果进行多角度、全方位的分析与验证，确保产品的可制造性、可装配性、可使用性、可维护性。同时，一般布局问题理论的研究与发展，为船舶舱室自动与装配工艺规划提供了理论和方法基础。

船舶舱室装配设计是船舶总装配设计的一个重要环节，要考虑舱室空间的利用效率并能满足船舶性能要求，因此在设计中要考虑在有限的舱室空间中如何摆放舱室设备方位，属于一个布局问题。布局问题特别是三维布局属于组合最优化和完全问题。对于一般性的三维布局问题，可以将其描述为给定任意几何形状的三维物体，在一个给定空间内进行布局，使布局物体容纳于该空间中，并达到布局目标，如物体之间无碰撞干涉，同时满足最优空间位置和约束条件。装配设计是一个涉及参数化设计、人工智能、图形学、信息处理、优化、仿真等技术的交叉学术领域，是一个复杂的组合优化问题。

作为舱室装配的主要研究内容之一，舱室装配规划引起了国内外很多学者的广泛关注，学者们在装配规划领域展开了卓有成效的研究。舱室装配规划的实现有助于解决装配过程中不合理的技术问题，从而能够有效地缩短开发周期，降低生产成本。传统的装配规划算法适用于装配体较少的情况下，求解过程较为烦琐，且求解效率不高。以近似性和不确定性为特征的智能计算方法陆续出现在舱室装配规划求解领域中。智能计算方法是以神经网络、逻辑推理及概率推理等为求解基础，但是不寻求问题的精确解，允许存在不精确性和不确定性。智能计算方法存在一种目标驱动机制，即从长远看，算法计算过程是在向目标移动，中间过程无关紧要。智能计算方法既可以提高装配规划的求解效率，又能够得到最优解。最近几年，建模、表达及寻优一体化的装配规划智能计算方法得到学者们的广泛关注。基于智能计算的装配规划求解成为并行工程和舱室装配领域的一个研究热点。

## 1.2 舱室装配规划国内外研究现状

### 1.2.1 经典的舱室装配规划系统

美国华盛顿州立大学 VRCIM 实验室和美国国家标准与技术研究所（National Institute of Standards and Technology, NIST）合作开发的舱室装配设计环境 VADE（virtual arrangement design environment）是一个具有代表性的舱室装配系统[4]。在 VADE 环境中，零件按照预先设置的装配顺序排列以供操作者选用；同时，操作者可存储装配路径或删除并重新建立装配路径。VADE 系统的功能与用途如图 1.1 所示。

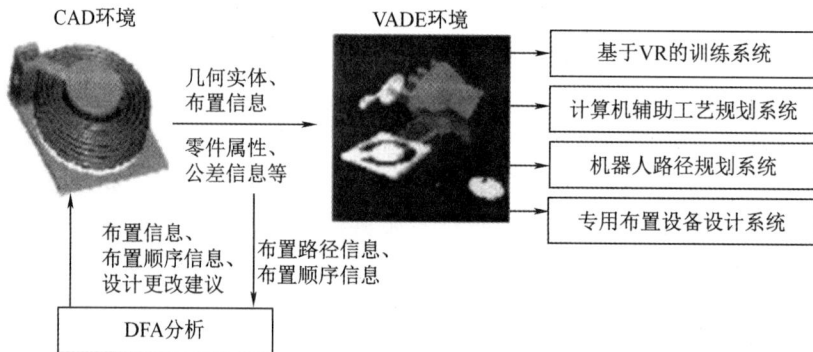

**图 1.1  VADE 系统的功能与用途**

VADE 的主要功能特征如下。

（1）从 CAD 到 VR 的自动数据转换：VADE 自动将参数化 CAD 系统中的产品装配树，包括整个装配体的层次关系、零部件的几何形状传递到系统中。

（2）从 CAD 系统捕捉装配意图并应用于虚拟环境：VADE 通过对 CAD 系统中装配约束的捕捉，实现对零件运动的引导及装配序列的生成。

（3）零件的交互式动力学模拟：在物理建模的基础上进行实时碰撞检测，模拟用户、零件、装配工具，以及装配环境之间的动力学作用。

（4）扫掠体积生成与轨迹编辑：允许用户记录、编辑零件的装配轨迹，并在虚拟环境中生成与显示零件的扫掠体积。

（5）零件结构参数的修改：先将系统中标识的零件模型的关键参数提取出来供用户在虚拟环境中进行修改，然后系统根据用户的修改意图对零件进行参数化修改，最后将修改后的零件重新装入VADE。其中，参数传递与系统对零件结构的参数化修改在后台自动进行，无须用户干预。

（6）装配环境与零部件初始位置的生成：整个装配环境可以在系统中定义，同时，用户可以指定零部件与装配工具的初始位置。

（7）双手装配与灵活操作：同时支持单手操作与双手操作，并通过物理建模模拟和实现零件抓取。提供"手－工具"与"工具－零件"两种交互方法，并通过这两种方法的协同，进行虚拟环境中零件运动的控制。

美国桑迪亚国家实验室研究开发了一个Archimedes系统[5]，用于生成、优化和检查装配规划的交互式装配规划。该系统可以依据使用者提供的指标对装配规划进行优化，允许定义装配约束，自动生成装配规划并判断是否满足装配约束条件。Archimedes可以读入目前流行的各种CAD模型，并以多种形式输出装配规划的规划结果。

德国比勒费尔德大学的人工智能与虚拟现实实验室，Jung等将虚拟现实交互技术与人工智能技术相结合，基于构造工具箱（construction kits）的概念，建立了一个舱室装配系统CODY[6]。所谓构造工具箱是指在制造领域中可重复使用的、具有多重功能的标准零部件结构库。CODY是一个基于知识的、三维交互式舱室装配系统，主要处理对象为标准化的可重用零件，利用标准的零件构造复杂的装配体。CODY的缺陷是扩展性较差，对每一个产品都需要建立基于COAR的知识表达。

英国赫瑞－瓦特大学开发了UVAVU（unbelievable vehicle for assembling virtual units）舱室装配规划系统[7]，在该系统中采用"接近捕捉"和"碰撞捕捉"两种方法来定位装配体及零部件的装配位置信息，这两种方法的前提都是假设装配系统已从CAD系统中得到所有装配体及零部件的最终装配位置信息。该系统有两个缺点：舱室装配环境下零部件的位置关系不能互换；丢失了装配体的过程信息。

美国爱荷华州立大学虚拟现实应用中心开发了一个用于装配规划及评价的IVA系统（inventor virtual assembly）[8]，在此系统中操作人员可以直接利用零部件的几何模型信息以及层次化的装配数据进行装配规划，同时可以使用虚拟环境设备与系统进行人机交互。但该系统不提供装配层次编辑，碰撞检测效率较低。

清华大学国家CIMS工程技术研究中心在面向装配的设计（design for assembly，DFA）、装配建模、装配过程仿真等方面进行了深入研究[9-10]，并开发了一个舱室装配支持系统VASS（virtual assembly support system）。VASS是以Pro/TOOLKIT和C语言为工具开发的，总体结构如图1.2所示。功能单元包括3个部分：装配规划与仿真、装配资源管理、装配后处理。这3个功能单元均在集成化装配信息模型的支持下工作。该模型采用层次化多视图的结构，上层为抽象的概念模型，提供不同功能单元的信息存取机制；

下层为具体几何模型，对应于零部件的三维实体描述。

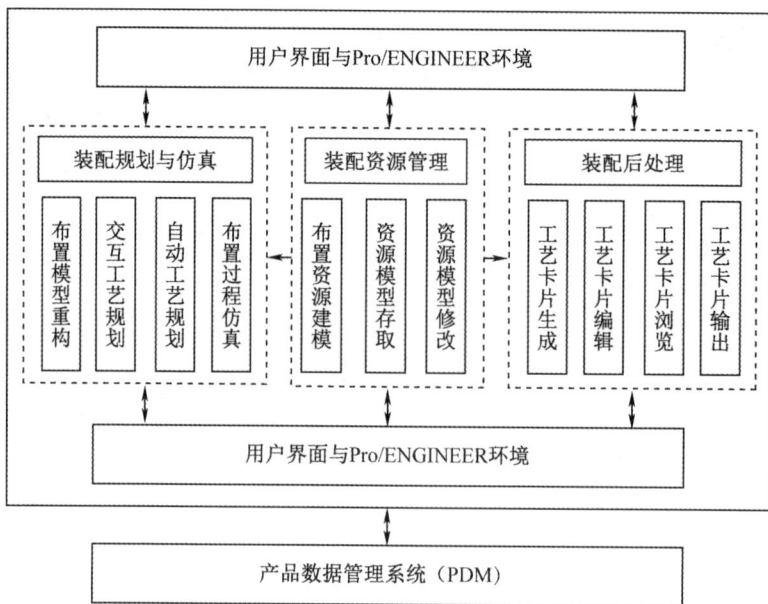

**图 1.2　舱室装配支持系统 VASS 的总体结构**

浙江大学万华根等开发了基于多通道的集成装配系统 VDVAS[11]，可以通过操作和语音等形式，建立机械零件和装配体零件模型。浙江大学国家重点实验室建立了一个沉浸式的装配规划系统 IVAS[12]，在装配过程中可以通过三维的实时交互操作进行装配体或零部件的选择，并实施拆装规划，且系统带有实时碰撞干涉检测机制。

上述经典的装配规划系统往往都是单纯地基于模型的装配信息进行规划，装配规划研究的范围较为广泛，包括对零件的装配操作、装配工具的使用、装配资源的合理配置等。本书主要研究装配规划的核心内容，包括两部分：装配序列规划和装配路径规划。

## 1.2.2 舱室装配规划

### 1.装配序列规划

装配序列规划（arrangement sequences planning，ASP）指在已知产品设计意图的前提下，寻找到合理、可行的产品装配序列，并按此序列来完成装配任务[13-14]。因为装配是产品制造过程的末端环节，是实现产品功能最重要的环节，装配序列的优劣对于装配可行性有着重要的影响。所以，建立可行、合理的装配序列可以有效地降低装配成本，缩短装配周期。

在目前的装配过程中，设计者往往是凭借自己的经验以模糊判断的形式生成装配序列，人的直觉判断不能保证装配序列的合理性，且装配序列确定后设计人员基本上不再进行优化，这样很难保证在不同的装配情形下该装配序列是最优的。尤其是对于结构复杂的产品，随着装配过程中零件数目的增加和装配体结构的日益复杂，装配过程中产生的装配序列以指数级递增，依靠设计者经验生成的装配序列异常烦琐，且最优的装配序列往往被遗漏。于是，研究人员相继提出了很多装配序列规划算法。1984 年，Bourjault[15]和 Homem de Mello 等人[16]研究了装配顺序的几何可行性，奠定了装配序列规划的研究基础。根据获取装配操作优先顺序的不同，传统的装配序列规划方法基本上可以分为四类：基于优先约束的装配序列规划方法、基于组件识别的装配序列求解方法、基于割集的装配序列求解方法、基于知识的装配序列求解方法。

（1）基于优先约束的装配序列规划方法

该方法需要获取装配体或零部件间的优先约束关系并将其进行显式表达，是最为简单直观的一种装配序列生成方法。这种优先约束关系根据装配体或零件的结构来确定，是一种内在的、隐含的几何约束关系，如果违背该优先约束关系将导致装配失败。以Bourjault[17]和 Whitney[18]的研究为代表，Bourjault 提出了利用产品关联图模型的表达方式来搜索所有几何可行装配序列，该方法的优点是目的明确，可以减少盲目性。基于优先约束的装配序列规划方法关键在于获取零件之间的优先约束关系。优先约束关系的获得最早起源于人机交互式的"问答"，这种方式适用于装配零件较少的情形。但随着零件数目的增加，这种"问答"式的优先关系获取难度加大，并且容易导致零件间优先顺序混乱，不具有实用性。装配优先约束关系是描述零件装配顺序的一种有效方式，其关键在于如何获得装配体的优先约束关系，若一旦得到装配体的优先约束关系，则能非常容易求解出装配序列。

（2）基于组件识别的装配序列求解方法

装配规划设计者根据装配车间的实际情况，先确定舱室装配过程的组件。组件的判断可以根据以下 3 个条件：组件中的任意零部件需要与此组件的其他任一零部件相接触；组件具有一定的稳定性；组件的装配相对独立不影响其他零部件的装配。然后分层次获得每个组件的装配序列，将各个组件的装配序列进行有效综合，即能够获得该产品合理的装配序列。基于组件识别的序列规划方法可有效降低装配序列生成算法的复杂度，但由于装配的多样性与复杂性，自动识别组件较困难。

（3）基于割集的装配序列求解方法

割集求解方法主要应用于装配和拆卸互为可逆的过程，利用图论的割集理论，求解每个零部件的割集，一个装配割集对应着一个拆卸操作。割集法求解装配序列本质上是将装配体按照自身的约束条件进行分割，分割过程的逆序即装配序列。以 Homen de Mello 和 Sanderson[19]的研究为代表，Homen de Mello 最先提出了基于割集的装配序列求解算法，可以将装配序列进行自动推理，并提出了 AND/OR 图的装配装配序列求解算法[20]，AND/OR 图中的节点表示子装配体或零件，节点间的连接边对应着相应的装配操作，依据各个子装配体或零件间的连接关系得到对应的约束关系，并以虚拟连接的形式表达各个子装配体或零件间的约束关系。该方法受装配体或零件结构复杂度和数目的影响，并随着装配体或零件的数目呈指数级增长，同时要求装配零件必须是刚体。

（4）基于知识的装配序列求解方法

通常采用一阶谓词逻辑的形式表达装配体的结构、优先约束关系等装配知识，并通过图搜索等算法来求解装配体最小割集，以此得到装配序列。Huang[21]开发了基于知识推理的装配系统，采用谓词逻辑描述装配体的约束知识，并通过推理得到几何可行的装配序列。基于知识的装配序列规划求解的具体实现方法较多，如基于专家系统等。基于知识的装配序列求解方法针对特定的产品装配序列比较简单有效，但此方法应用范围较窄，同时需要较深的领域知识，而领域知识的获取往往比较困难。

2.装配路径规划

路径规划的应用范围较为广泛，主要应用于舱室装配、机器人领域及其游戏开发等。装配路径规划（arrangement path planning，APP）是装配规划的另一个核心内容。依据对周围环境信息的已知程度，路径规划分为两类：周围环境信息完全已知的全局路径规划，也称为静态或离线的路径规划；周围环境信息完全未知或者部分未知的局部路径规划，又称动态路径规划或在线路径规划，需要通过传感器进行探测来获得障碍物的几何信息。本书所研究的装配路径规划属于全局路径规划。局部路径规划算法都适用于全局路径规划，全局路径规划的算法经过改进后也可以适用局部路径规划。概括起来路径规划的算法主要包括栅格法、构型空间法、拓扑法、人工势场法、遗传算法和基于神经网络的方法等[22-23]。

（1）栅格法

栅格法是将装配空间分解为大小相等的小栅格，装配路径的搜索可以通过A*算法或Dijkstra动态规划算法来实现。基于栅格的装配空间描述通常具有一致性、规范性较好和邻接关系表达简单等优点，搜索最优装配路径较容易实现。

（2）$C$-空间

$C$-空间法又叫构型空间法，是由S.Udupa和T.Lozano-Perez等人[24]提出并发展的一种无碰路径规划方法。算法本质上是将在$C$-空间中运动的物体位姿简化成空间中的一个点，因为空间中障碍物的存在，致使运动物体在$C$-空间中形成一定范围的禁区，该禁区即构型空间障碍（$C-Obstacle$）。装配体$A$与障碍物$B$发生碰撞在构型空间中构成了空间障碍，表示为$CO_A(B)$。

$$CO_A(B)=\{P \in C-Space|A(P) \cap B \neq \psi\} \qquad (1-1)$$

式中，$A(P)$表示装配体$P$在装配空间中的位姿，对应着欧式空间的一个子集。

$C$-空间法是一种相对成熟和比较常用的路径规划方法，但如何快速有效地进行构型空间建模及$C$-空间路径搜索是实现$C$-空间法的关键问题。

（3）拓扑法

拓扑法是清华大学的张钹教授等[25]提出的一种路径规划算法，其基本思想是：将问题空间分解成拓扑特性一致的若干个子空间，同时建立相应的拓扑网络，在这些拓扑网络上寻找起点到终点的拓扑路径，最后通过拓扑路径求出最优几何路径。

（4）人工势场法

Khatib[26]首先提出了人工势场法的概念，人工势场实际上是对装配体安装环境的一种抽象描述。装配空间中的障碍物被斥力场包围，预定目标位置被引力场包围，斥力场驱使当前装配体远离，引力场吸引当前装配体靠近预定目标位置，这两个势场的合势场就是当前装配体运动的势空间，这个力促使当前装配体绕过障碍物朝预定目标位置前进，障碍物周围的势能与到障碍物的距离成反比。要求势场是可微的，因为算法是沿着势场负梯度方向完成路径搜索。算法的优点是不需要大量的预计算即可自动生成较为平滑的装配路径。但该方法搜索路径需要一定的启发信息，且容易陷入局部极小，使装配体不能到达预定的目标位置。

近年来，学者们基于上述经典的方法不断改进，文献[27]提出了一种 $C$ - 空间障碍边界建模与无碰路径规划，路径搜索采用 $A^*$ 算法，利用动态变步长，提高了搜索效率。文献[28]针对装配的复杂产品，提出基于有效**采样点的装配路径规划方法，操作者可以对装配路径点进行插入、删除及自动插补等操作。文献[29]在综合考虑装配体设计的几何和非几何数据（如装配关系等）的基础上，提出基于VMap（可视图）的装配路径求解方法，大大降低了传统可视图求解路径规划的时空开销。文献[30]中装配路径的求解在二维平面内，提出将遗传算法应用于装配路径规划问题，并以实例——传动器的装配路径规划验证了算法的可行性。

## 1.2.3 基于智能计算的舱室装配规划

通常情况下，传统装配序列规划算法得到的装配序列是可行装配序列，但往往不是最优的装配序列。为了降低产品生产、开发成本，需要继续对装配序列规划进行优化。近几年来，国内外研究学者将基于智能计算方法应用于装配序列规划，文献[31]中 Zadeh 教授将模糊逻辑和智能规划相结合，提出智能计算方法来解决舱室装配序列规划问题。智能计算方法是随着计算机智能化发展产生的适用计算技术的一个总称，是一种新的计算模式，主要包括模糊智能控制、神经网络、遗传算法、模拟退火算法、蚁群算法等。

1.基于神经网络的装配序列求解

将装配序列规划这一优化问题的目标函数与神经网络的状态函数相对应，神经网络向状态函数极小值的变化过程即装配序列规划的求解过程，网络最终的稳定状态即所求得的最优装配序列。

文献[32]中提出将Hopfiled神经网络应用于装配顺序的求解过程，主要考虑装配体或零件间的约束、装配体稳定性及装配重定向建立网络状态函数，基于优先推理机制得到优化的装配序列。因为Hopfiled神经网络不具备全局搜索能力，算法只得到了一个局部最优装配序列。此外，Hopfiled神经网络的参数选择及初始状态值对神经网络的影响较大；神经网络在进行装配序列规划的求解前需要进行训练，训练样本需要从一些合理、可行的装配序列中选取，这样训练样本的针对性较强，神经网络进行装配序列规划求解的应用范围较窄。

2.基于遗传算法的装配序列求解

遗传算法（genetic algorithm，GA）是 J.H.Holland 教授根据生物进化的模型提出的一种模仿生物自然选择和遗传机制的随机搜索算法。遗传算法以编码空间来代替序列规划问题的参数空间，以编码初始种群作为搜索基础，以每一个可能的装配序列作为种群个体连续进行复制、交叉、变异等遗传操作，并以适应度函数作为对装配序列的评价依据，使种群在适应度函数的作用下不断进行"优胜劣汰",算法终止时得到最优或次最优的装配序列。

遗传算法刚刚提出时没有受到重视,但近年来,学者们已经把遗传算法应用于学习、优化、自适应等问题中,并逐渐体现出遗传算法的优势。文献[33]在装配序列规划遗传算法的求解中采用了复制、交叉、变异、断连及剪贴五个遗传算子来寻找最优装配序列。文献[34]中,Guan等人提出了基因团的遗传算法编码方式,用一个基因团来描述一个装配操作,装配操作由零件ID号、装配方向、装配约束类型及装配工具4个装配元组成,并通过交叉和层次变异来进行装配序列的求解和优化。

3.基于模拟退火算法的装配序列求解

模拟退火(simulated annealing,SA)算法源于固体的退火思想,依据熔融金属中粒子的统计力学与组合优化问题求解过程的相似性而提出的。文献[35]中,Saeid等人将模拟退火算法用于装配序列求解,依据产品的装配模型来得到零件的优先约束关系,将装配时间和装配方向改变次数为参数的目标函数作为序列优化的评价函数。文献[36]中,Hong等人将装配约束关系和装配成本作为参数生成能量函数,采用模拟退火算法将能量函数扰动逐渐缩小,算法经过 $N$ 次迭代后能量函数逐渐趋于稳定,此时系统获得具有最小装配成本的装配序列。模拟退火算法虽然具有较强的局部搜索能力,但对搜索空间了解较少,致使算法的效率不高。

4.基于蚁群算法的装配序列求解

蚁群算法(ant colony algorithm,ACA)是模拟生物界中蚂蚁的觅食过程而产生的一种进化方法。蚁群算法已在航班着陆等组合优化问题、计算网络路由等领域获得很好的应用。近几年学者刚刚将蚁群算法引入装配序列的求解问题中,目前尚属一个较新的研究方向。虽然研究时间不长,但是目前的研究表明,蚁群算法在求解装配规划问题方面有一定优势,表明它是一种有发展前景的算法。

基于上述4种智能计算方法的分析,本书选用遗传算法、蚁群算法及二者的融合作为求解装配规划的基本方法。

## 1.3 装配规划的智能计算方法

### 1.3.1 蚁群算法

蚁群算法属于一种新型的模拟进化算法,目前国内尚缺乏这一方面的研究,其研究刚刚起步,还未像遗传算法、模拟退火算法等形成系统的分析方法和坚实的数学基础。

蚁群算法作为一种随机搜索算法不需要任何问题空间的先验知识,在搜索初期只是随机地进行选择,随着对解空间的"理解"使搜索变得逐渐出现规律。蚁群算法对解空间的"理解"主要依靠以下因素。

(1)蚂蚁的记忆能力。蚂蚁在觅食过程中对搜索过的路径不会再进行重复搜索。

(2)蚂蚁之间通过信息素进行通信。在觅食过程中,蚂蚁在找到食物源的路径上释放一种称作信息素的物质，信息素浓度越高的路径越吸引其他蚂蚁过来觅食。

（3）蚂蚁的集群行动。若某路径通过的蚂蚁逐渐增多，则该路径上的信息素累积也随之增多，后来的蚂蚁选择此路径的概率也越来越大。因此，使蚁群算法的搜索向着最优解进行推进。

下面以蚂蚁搜索食物过程为例阐述蚁群算法的原理。图 1.3 中，$C$ 表示蚂蚁的巢穴，$D$ 表示食物源，$PO$ 表示从巢穴到食物源途中的障碍物，初始距离如图 1.3(a) 所示。设在单位时间内，30 只蚂蚁从 $C$ 爬行到 $A$，30 只蚂蚁从 $D$ 爬行到 $B$，蚂蚁留下的信息素为 1，信息素的停留时间为 1。在初始状态下，即 $t=0$ 时，路径 $AO$、$AP$、$BO$、$BP$ 均无信息素存在，$A$、$B$ 点的蚂蚁能够随机选取爬行路径，此时可认为蚂蚁等概率选择路径 $AO$、$AP$、$BO$、$BP$，如图 1.3(b) 所示。经过单位时间后，$APB$ 上的信息素是 $AOB$ 上的 2 倍。蚂蚁经过一段爬行后，20 只蚂蚁从 $A$、$B$ 爬行到 $P$，10 只蚂蚁从 $A$、$B$ 爬行到 $O$，如图 1.3(c) 所示。且随爬行过程的推移，蚂蚁将逐渐以较大概率选择 $APB$，最后所有蚂蚁均选择 $APB$，这样蚂蚁找到了一条从巢穴到食物源的最短路径。从蚂蚁觅食过程可见，蚂蚁间的信息交换属于正反馈过程[37]。

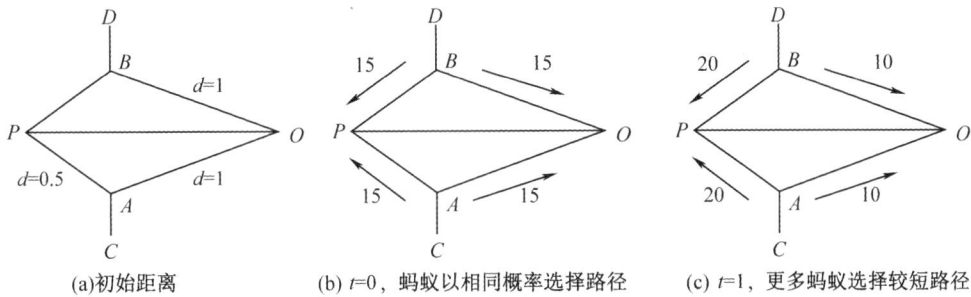

图 1.3　蚁群算法原理图

蚁群算法属于一种随机搜索算法，是通过候选解组成的群体进化过程来寻找问题的最优解。寻优过程包括两个阶段：适应阶段、协作阶段。在适应阶段，各候选解根据积累的信息不断调整自身结构；在协作阶段，候选解之间通过信息交流，以期望产生最优解[38]。

## 1.3.2 遗传算法

遗传算法的应用范围非常广泛，主要应用于函数优化、系统参数整定等组合优化问题。装配规划属于经典的约束条件下的一种组合优化问题，也属于遗传算法的经典应用领域。

### 1.3.2.1 遗传算法的数学基础

遗传算法虽然有比较坚实的生物学基础，但是其理论基础还是比较少，主要是由 Holland 教授提出的以二进制为编码推导的模式定理作为标准遗传算法的运行机制[39]。

定义 1.1　模式——描述编码串集的模板，这些编码串的某些位置上具有相似结构特征，即模式是一些相似的模块，表示为 $H$。

**定义 1.2** 模式的阶——模式中确定位置的个数，表示为 $O(H)$。

**定义 1.3** 模式的定义距——模式中第一个确定位置和最后一个确定位置间的距离，表示为 $\delta(H)$。

**定理 1.1** 模式定理——在选择、交叉、变异等遗传算子的作用下，低阶、短定义距及超过群体平均适应值的模式在子代中呈指数级增长。

模式定理的一般数学表达式为

$$M\big[H(t+1)\big] \geqslant M\big[H(t)\big] \frac{f(H(t))}{f(t)} \left[1 - \frac{P_c \times \delta(H)}{L-1}\right] (1-P_m)^{O(H)} \quad (1-2)$$

式中  $M\big[H(t+1)\big]$ ——在 $t+1$ 次迭代后种群中模式 $H$ 的期望个数；

　　　$M\big[H(t)\big]$ ——在 $t$ 次迭代后种群中模式 $H$ 的期望个数；

　　　$P_c$、$P_m$ ——交叉概率和变异概率；

　　　$f(t)$ ——种群的平均适应度值；

　　　$f(H(t))$ ——种群中模式 $H$ 的平均适应度值[40-41]。

$$f(H(t)) = \frac{\sum\limits_{i \in H} f_i}{M\big[H(t)\big]} \quad (1-3)$$

式中  $f_i$ ——第 $i$ 个个体的适应度值。

当误差项 $\left[1 - \dfrac{P_c \times \delta(H)}{L-1}\right] (1-P_m)^{O(H)}$ 较小时，若 $f(H) > f(t)$，则 $t+1$ 次迭代后种群中模式 $H$ 的期望个数 $M\big[H(t+1)\big]$ 增加。这里的误差项是描述交叉、变异操作引起模式 $H$ 的破坏效应，是一种负效应。

Holland 提出的模式定理描述了模式的一个生存、增加规则。模式的生存遵循着"优胜劣汰"原则，较好的模式生存能力强，较差的模式陆续被淘汰。较好的模式通过遗传操作逐渐组合在一起，并构造出适应度较高的个体编码串，直至遗传算法找到最优或次最优个体。

### 1.3.2.2 遗传算法组成要素及其本操作

1. 染色体的编码方法

遗传算法中编码是将问题可行解从解空间的解数据表示成遗传空间的基因型数据的一种映射。编码是遗传算法求解优化问题首先要解决的问题，在算法的具体过程中需要对优化组合问题进行编码，即用有限长的数字串来表示参数。编码方式将影响种群个体从搜索空间到解空间的解码方式，编码还对复制、交叉、变异等遗传算子有一定的影响，同时编码对遗传算法的效率有决定性影响。通用的编码方式包括二进制编码、格雷码编码、实数编码、动态变量编码及字符编码等[42-43]。

（1）二进制编码：最常见的遗传算法编码方式，由二进制字符 {0,1} 组合而成的染色体符号串。其优点是在编码、解码操作简单，且建立在二进制基础上的交叉、变异等遗传操作易于实现。缺点是在个体编码串较短的情况下，可能不满足问题的求解精度；在个体编码串较长的情况下，虽可以满足问题的求解精度但导致遗传算法搜索空间成倍增长。

（2）格雷码编码：在二进制编码基础上演变而来的编码，连续的两个整数对应的编码间只有一位不同。

（3）实数编码：实数编码的精度比较好，有利于复杂问题大空间搜索。

（4）动态变量编码：编码将随着搜索空间的变换而变化，比二进制编码的优化效果好，能够克服遗传算法过早收敛这一弊端。

（5）字符编码：根据组合优化问题的实际特点，采用非二进制或字符集的形式表示的位串。

2.选择操作

（1）轮盘赌选择

轮盘赌选择也称比例选择，属于回放式随机采样方法，其主要思想为：依据种群中个体的适应度值，并遵循一定规则从当前种群中选择优良的个体遗传到下一代种群中，每个种群个体被选择的概率大小与其适应度值成正比关系。设种群大小为 $N$，个体 $i$ 的适应度是 $F_i$，则种群个体 $i$ 被选择的概率 $P_i$ 表达为

$$P_i = \frac{F_i}{\sum_{i=1}^{N} F_i} \quad (i=1,2,\cdots,N) \tag{1-4}$$

从式（1-4）得到：适应度较高的种群个体被选中的概率较大，适应度较低的种群个体被选中的概率较小。

（2）最优保存选择

当前种群中适应度值最高的个体不参加交叉、变异操作，用该个体取代此次迭代过程中产生的适应度最低的个体。

常见的选择操作还包括排序选择、随机联赛选择等方式。

3.交叉操作

**定义**1.4 交叉操作——对两个相互配对的染色体按照一定的交叉概率 $P_c$ 交换其部分基因，从而生成两个新的染色体，又称为基因重组。

遗传算法中用交叉运算来产生新的种群个体。交叉运算是遗传算法区别于其他智能计算方法的重要特征，在遗传算法中有非常重要的作用，决定着遗传算法的全局搜索能力，是产生种群中新个体的主要方法。

交叉算子的设计与求解问题息息相关，主要包括交叉点的位置和如何交换染色体部分基因。常见的交叉算子包括单点交叉、双点交叉、多点交叉及算术交叉等。

4.变异操作

**定义**1.5 变异操作——将种群个体的染色体编码中的某些基因座上的基因值用该基因座上的其他等位基因代替，从而生成一个新的种群个体。

变异操作是遗传算法中产生新的种群个体的一个辅助方法，决定着遗传算法的局部搜索能力，同时维持种群的多样性，防止遗传算法出现早熟现象。交叉算子和变异算子

互相配合，完成对求解问题空间的全局搜索和部分搜索，使遗传算法较好地完成最优化问题的迭代寻优过程。

常见的变异算子包括基本位变异、均匀变异、边界变异及高斯变异等。

5.适应度函数

**定义1.6** 适应度函数——对种群个体适应能力度量的函数，又称评价函数，决定着遗传算法的收敛性。

遗传算法将搜索空间表示成染色体位串的形式，算法依据适者生存的原则，需要对这些个体位串的适应性进行评价。适应度函数用来度量种群中每个个体在迭代寻优过程中接近于最优解的优良程度，根据个体的适应度值就可以决定它在此搜索空间下的生存能力。

### 1.3.2.3 遗传算法的求解过程

标准的遗传算法采用二进制进行编码，步骤如下。

（1）初始状态：确定初始种群的规模$N$，算法的交叉概率和变异概率及算法收敛准则，并随机生成算法的初始种群。

（2）评价机制：计算初始种群中个体的适应度函数。

（3）种群进化：从初始种群中选择优秀的种群个体；将种群中的个体以交叉概率进行基因交换，以变异概率进行某些基因改变；经过一系列的选择、交叉、变异得到进化的种群。

（4）算法收敛：若算法已经满足收敛准则，则输出得到进化种群，即得到了问题的最优解；否则转至步骤（3）。

标准遗传算法的运行过程如图1.4所示。

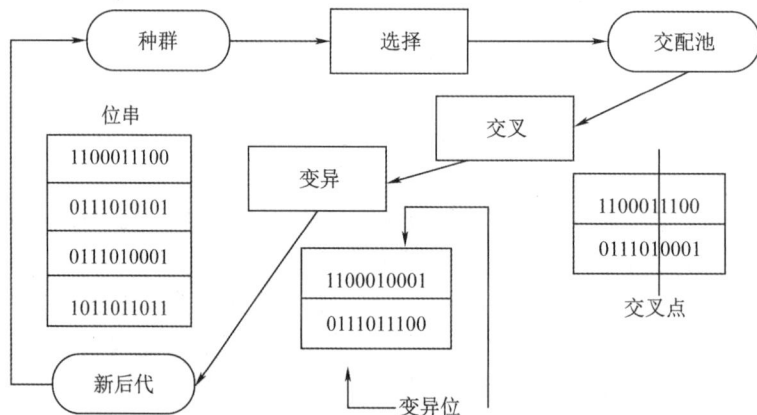

**图1.4 标准遗传算法的运行过程**

从上述遗传算法的理论分析得出：遗传算法作为一种高效的全局搜索算法，不受问题空间限制性的约束，同时不需要其他相关的辅助信息。所以，遗传算法属于随机、自适应的搜索算法，可以解决很多复杂的优化组合问题，如本书涉及的装配规划等复杂的强约束优化问题。

# 1.4 虚拟装配体系结构

## 1.4.1 通用虚拟装配体系结构

通用的虚拟装配系统体系结构如图1.5所示，由动作检测并输入、感觉信息合成并输出和虚拟装配环境3个子系统组成。

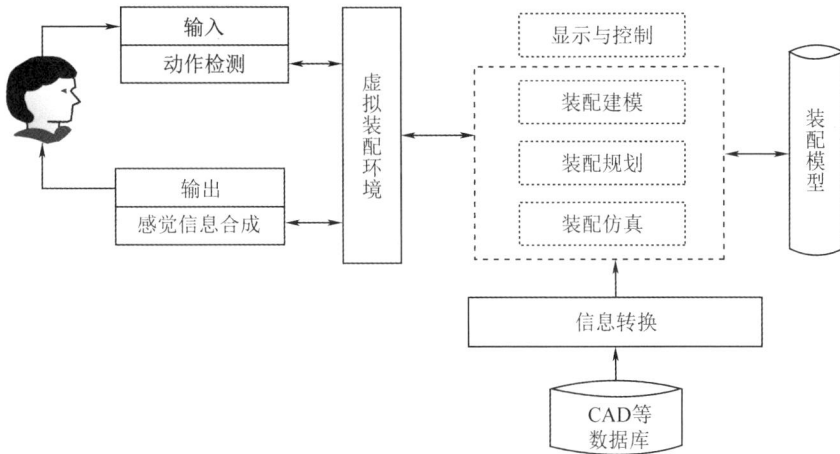

图 1.5 虚拟装配系统体系结构

（1）输入子系统：主要处理用户经由各种虚拟外设对虚拟装配环境发出的指令信息。输入系统通过动作检测及关联处理，生成准确或模糊指令去控制虚拟装配世界中各种事件的发生及进行智能参与。

（2）输出子系统：主要负责将虚拟装配环境中的各种信息反馈给用户。

（3）虚拟装配环境子系统：是整个系统的核心，包括环境显示与控制模块、信息转换模块和装配模块。

①显示与控制模块：主要完成虚拟装配环境内各种模型的真实感显示和交互控制，包括装配建模、装配规划和装配仿真，负责处理所有与装配有关的操作。

②信息转换模块：主要负责CAD系统与虚拟装配系统之间的信息转换。

③装配模块：显示与控制模块所需要的信息通过装配模型进行表达和交互。

## 1.4.2 Iwata体系结构

日本学者Iwata是最早研究虚拟制造技术的学者之一，他提出的虚拟制造的体系结构着重描述虚拟制造的宏观结构和组成，如图1.6所示。系统由VIS（虚拟信息系统）、VPS（虚拟物理系统）、定时控制器和数据浏览器组成。整个系统由时间同步器实现同步。VIS和VPS通过通信接口进行通信。系统通过浏览器和虚拟现实设备向用户提供输

13

入、输出接口。虚拟物理系统由产品模型、工厂模型、生产过程模型组成。产品模型是指产品全生命周期模型，它不仅包括最后的目标产品模型，也包括加工阶段的半成品模型。工厂模型也是指工厂全生命周期模型，它不但包括工厂设备的原始参数，也记录着生命周期中的各种活动数据。生产过程模型则用来描述工厂模型与产品的某一实例之间的相互作用。

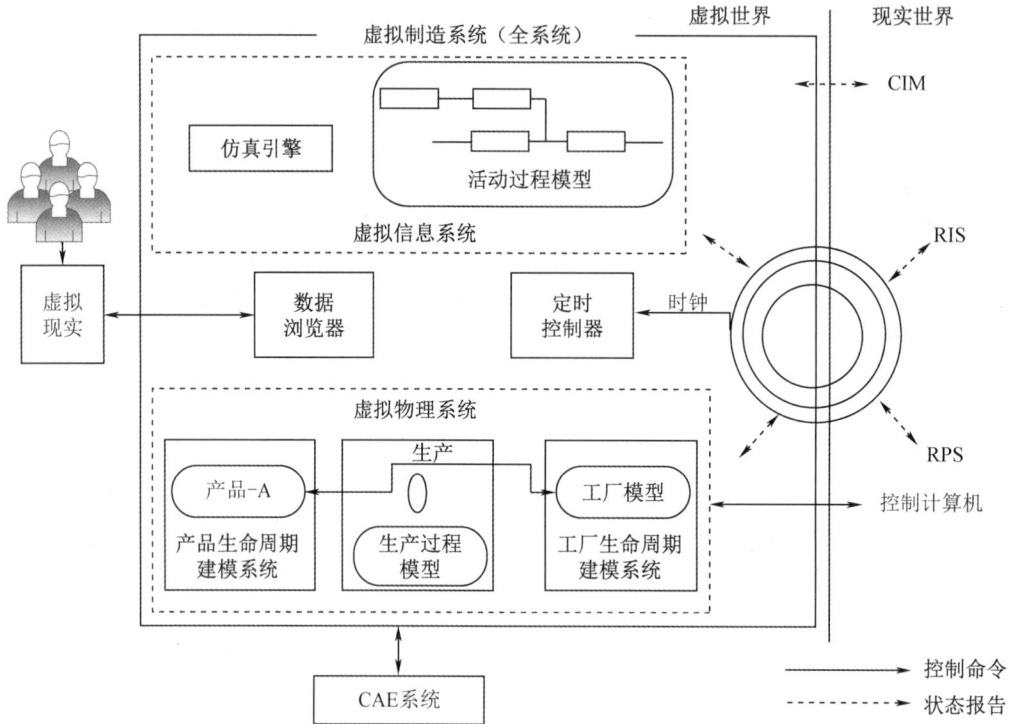

图 1.6　Iwata 体系结构

Iwata 系统的建模与仿真活动包括如下 7 方面。

（1）设备模型准备：根据真实设备的规格和参数建立设备模型库。面向对象建模方法是定义高度模块化设备模型最有效的方法。定义设备模型还要用到仿真服务模块，以定义设备行为。

（2）仿真服务：定义设备模型间相互作用以及仿真过程基本功能的模块对于有效开发虚拟制造系统十分重要。

（3）虚拟车间定义：虚拟车间可以用设备库和仿真服务模块进行定义，首先用设备模型库中的对象类定义创建车间对象模型，并指定对象位置，然后与相应的仿真服务建立关联。

（4）操作定义：用以确定车间资源的操作调度规划，并产生相应的控制命令和控制程序。

（5）产品建模：提供产品数据，供数控机床和测量机编程使用，也可提供工件原始毛坯模型，以供生产过程仿真应用。

（6）虚拟车间仿真：该模块执行车间仿真任务，是上述设备模型、仿真服务模型、操作程序和产品信息的集成。

（7）仿真接口：是虚拟制造系统与用户、应用系统和真实设备的接口。

## 1.4.3 Mediator体系结构

Mediator体系结构是一个开放式的信息知识体系，以提供一套支持复杂制造环境下的柔性管理技术。Mediator体系结构着重处理和解决不同操作平台、不同协议、不同应用软件且为分布式的系统协同、基于知识支持和通信技术问题，如图1.7所示。

体系的核心是一个支持分布式协同工作的用户环境。整个结构有4个扇面4个轮圈。4个扇面为体系内核、设计应用、用户和通用软件包；4个轮圈为界面层、应用层、活动层和通信层，界面层为最内层，通信层为最外层。其中界面层使用文本、图形或超媒体的各种界面方式；应用层提供特定服务功能的软件包；活动层支持代理的活动，包括Agent和多Agent活动模式；通信层支持面向对象协议、知识数据的交换、专家系统映射及其他消息传输通信。Mediator体系结构是一个侧重于知识信息和管理的体系，它考虑了多种软件、地域的集成与协同的方法。但它并未涉及产品全生命周期问题，更没有体现装配模型和数据管理等其他虚拟制造的重要问题，这是其缺陷。

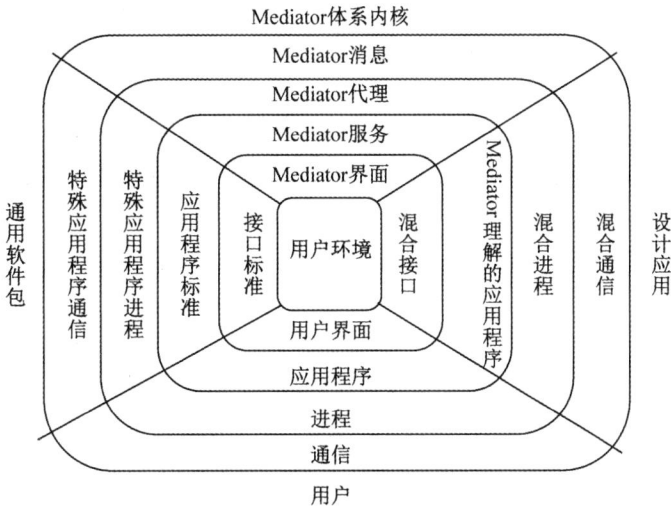

**图1.7　Mediator体系结构**

## 1.5 虚拟装配系统研究的难点及发展趋势

虽然虚拟装配技术作为全新的制造体系和模式，成为现代制造技术与系统发展的必然趋势，有其自身不可比拟的优势，但其发展在很大程度上受制于虚拟现实技术的发展，虚拟装配自身也存在一些研究难点和有待发展之处。

1.虚拟装配系统研究目前存在的研究难点

（1）对虚拟装配的研究还只侧重于虚拟环境下的交互式顺序规划，没有形成一个面向产品设计全过程的可装配设计分析的系统，缺乏一个有效的装配模型的支持，现有装配模型大都以几何信息为中心，无法适应虚拟现实环境下多感知交互仿真的需要。

（2）对虚拟环境下交互式顺序规划技术的研究还需要深入。这包括零部件之间装配约束的建立、维护、撤销等过程与方法的研究；多模式人机交互操作技术的研究；面向实际生产环境的装配工艺工程分析；虚拟环境下面向装配过程的人机工程分析。

（3）虚拟装配系统主要解决产品的可装配性问题，而产品的整体性能还取决于很多其他的因素。因此，虚拟装配系统需要与其他应用分析系统进行有机集成，尤其是与可制造性分析系统间的协同。

（4）数据接口问题。目前所用的数据接口，例如IGES，只能提供几何数据的转换。

2.虚拟装配系统的发展趋势

（1）拟实化程度将越来越高。拟实化涉及虚拟装配最根本的两个方面，也就是虚拟产品模型和虚拟装配仿真过程。随着工业界应用要求的提高，以及建模技术、虚拟现实技术和多模式人机交互技术的发展，虚拟装配拟实化程度必将越来越高，在可预见的将来完全有可能取代物理实物的试装配过程。

（2）实现标准化。当前虚拟装配涉及的技术和表达方式都没有统一的标准，随着在工业领域应用的逐步展开，如果没有统一的标准，必将影响虚拟装配技术的应用范围，因此实现标准化是虚拟装配技术发展的必然趋势。

（3）实现集成化。目前虚拟装配系统大都是从商用CAD系统中获取产品的数字化模型及设计意图，数据转换过程较烦琐；且虚拟装配仿真结果和设计意见也不能很好地反馈到CAD系统中。要充分发挥虚拟装配系统的功能并促进其发展，必须保证CAD与虚拟装配系统之间的信息畅通无阻，因此二者必须实现集成。

（4）工具化与智能化并重。完全利用计算机自动实现装配规划则不可避免出现组合爆炸问题，随着人工智能技术的发展，工具化与智能化相并重的装配设计环境既能够充分利用人的创造性，又能够充分利用形式化的专家知识及计算机能力，实现人机协同工作。

（5）向网络协同化方向发展。并行工程与协同设计思想已经渗透到制造业，成为现代制造技术的必然趋势。

# 1.6 本书组织结构及主要研究内容

本书组织结构如图1.8所示。

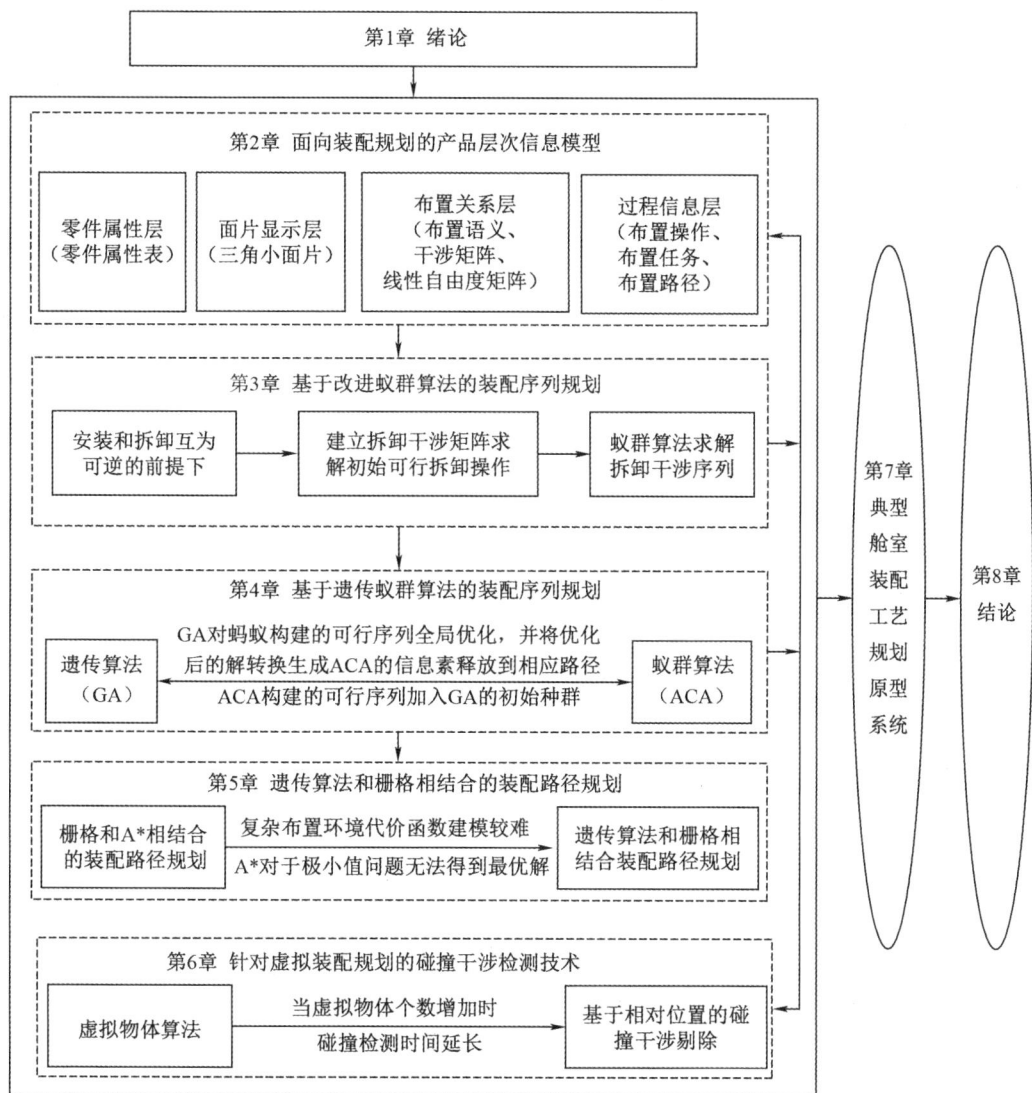

**图1.8 本书组织结构**

本书共分为8章，各章的主要内容安排如下。

第1章为绪论，对舱室装配规划的研究目的和意义等进行了分析，介绍了几种典型的舱室装配规划系统，分析了舱室装配规划的国内外研究现状，以及舱室装配规划的智能计算方法，如蚁群算法、遗传算法。

第2章提出了面向装配规划的产品层次信息模型，将零件模型信息依次存储在零件属性层、面片显示层、装配关系层及过程信息层。各个层次间通过零件索引号进行数据间的约束与映射，从而实现模型信息层级之间的相互关联，利于装配系统依据不同的装配任务对各个层级的模型信息进行操作。

第3章研究了基于改进蚁群算法的装配序列规划，通过对虚拟拆装运动描述和转换，得到可拆必可装，且拆卸序列和装配序列互为可逆。在建立零件拆卸干涉矩阵的基础上，提出基于改进蚁群算法的装配序列规划。

第4章在分析蚁群算法和遗传算法求解装配序列问题存在的不足的基础上，将蚁群算法和遗传算法相结合，将蚂蚁构建的可行装配序列作为启发信息加入遗传算法初始种群中，加快遗传算法的收敛速度。同时，依据遗传算法优化后生成解的质量在对应的蚂蚁爬行路径上释放相应浓度的信息素，提高蚁群算法中路径信息素的积累速度。

第5章研究了遗传算法和栅格相结合的装配路径规划，用栅格模拟装配环境和装配障碍，将栅格路径的序号作为遗传算法的编码，选取遗传算法的适应度函数转换为寻找最优的栅格路径。

第6章针对虚拟装配规划的碰撞干涉检测技术进行了研究，采用虚拟物体算法，基于相对位置的碰撞干涉剔除，为舱室虚拟装配规划出无碰撞的路径。

第7章构建了一个舱室装配原型系统，提出了该系统的构建思想和体系结构，并采用内存调度策略、多线程的运动控制来完善装配系统性能；采用基于相对位置的碰撞干涉剔除，由装配体的当前位置、移动方向、相对位置之间的约束关系来约束装配体的位置变换，从而完成装配体的安装；提出基于径向基神经网络（radial basis function neural network，RBFNN）的场景调度，将当前视点状态作为RBFNN的输入样本，利用该算法预测当前视点的后续状态，并结合视锥体取景进行场景调度。

第8章为结论，对本书的主要创新工作等进行了简要说明。

# 第2章
# 面向装配规划的产品层次信息模型

装配模型是装配规划的前提和基础,利用调整模型的各种信息来设计和装配工艺规划过程。所以建立一个集成度高、信息完善的装配模型对装配系统的装配规划具有重要的意义,一方面全信息产品模型对产品设计可以进行全面支持,另一方面也可以为装配规划提供信息源。

针对舱室装配过程的复杂性,提出面向装配规划的产品层次信息模型,将零件模型信息依次存储在零件属性层、面片显示层、装配关系层及过程信息层,各个层次间通过零件索引号进行数据间的约束与映射,从而实现模型信息层级之间的相互关联。产品的装配模型是对几何模型的有效扩展,产品层次信息模型为装配规划提供了充分的信息来源,保证了装配规划过程的快速、准确生成,有效地降低了装配成本,优化了整个设计和生产过程。

## 2.1 装配模型的现存问题

商用CAD软件虽然也都是基于特征的模型系统,但CAD系统的模型信息往往只是局限在提供几何信息及拓扑信息,这些简单信息不能对具有高度复杂性的舱室装配提供全面的技术支持,且模型之间数据的一致性也很难保证,这样就导致了目前舱室装配缺乏知识性和智能性。因此,面向舱室装配领域在继承CAD模型信息的基础上,需要建立具有完整信息的装配模型,包括物理信息和几何约束信息,并能够满足舱室装配规划与分析的精度要求。同时,零件模型信息满足舱室装配系统实时交互的要求,并满足装配系统实时显示和碰撞干涉检测的要求。

早在20世纪70年代就开始了装配模型的研究,装配建模主要是对组成装配体的零部件的物理信息、几何信息、装配约束信息及装配规划等信息进行表达。舱室装配系统中大多采用多边形网格模型,也就是采用三角面片进行零件的逼近,加大模型在装配系统的显示速度,便于装配场景的显示与调度。但是面片模型缺少零件几何信息、拓扑信息及工程信息等的表达,因此零件的建模成为舱室装配领域的基本问题之一。国内外的学者们根据各自不同的需求,对舱室装配建模开展了深入研究。典型的装配建模方法包括AUTOPASS模型、位置图模型、虚链模型、关系模型、关联图模型等[44-45]。

20世纪80年代末,Bourjault[46]等研究了装配过程建模并提出采用二维拓扑结构对零部件模型进行描述，将零部件模型表达为 $G = \langle E, V \rangle$，其中 $G$ 代表装配体模型，$E$ 代表零部件间的连接关系，$V$ 代表零部件实体。这种二维拓扑结构模型较为简单，只给出了零部件间的连接信息。K.Lee等[47]在Bourjault的二维拓扑模型的基础上，提出了虚链的图模型结构的装配建模方法，装配体的零部件间通过虚链进行连接，装配位置由装配关系来决定。

基于几何实体造型的装配模型只包含模型的几何信息，于是学者们将特征的概念引入CAD/CAM中，这样，在装配建模领域出现了特征模型，基于特征的建模方法是装配建模方法研究领域一个新的里程碑。但特征模型缺乏高层次的装配信息，很多学者在特征模型的基础上进行了改进，如文献[48]中，北京航空航天大学的课题组在装配体零件特征建模的基础上，提出特征概念进行舱室装配建模，利用特征概念将装配体的整个设计过程统一集成到一个舱室装配环境。

层次建模法陆续出现在舱室装配建模领域，文献[49]提出基于 $B-rep$ 和面片表达的产品层次信息建模方法，能够较理想地解决零件设计信息和装配过程信息的表达。文献[50]提出采用基于约束的装配操作进行舱室装配造型，建立了基于约束的多层次结构虚拟模型表示，简化了装配过程。浙江大学的刘振宇[51]等提出面向过程与历史的舱室装配建模方法，将零件信息分别存储于零件层、特征层、几何层、显示层，并对舱室装配运动导航进行了深入研究，以此为基础，又提出面向装配过程的装配建模，在虚拟环境中将面向结果的建模转换为面向过程的建模。文献[52]中，上海交通大学的侯晓林定义了装配体零部件间的层次关系、连接关系及依从关系等，进行了舱室装配建模。文献[53]中提出了支持功能设计的层次化舱室装配模型，并研究了基于该模型的装配规划设计。在当前装配体建模研究中主要包括3种常见的建模技术：图结构建模、层次建模和混合建模方法。图结构建模方法是以图结构的形式描述装配体中零件之间的几何约束关系，该建模方法的优点是装配关系的表达比较直观，但常常会导致与零件的真实结构不一致，也不能准确地描述零件之间的层级关系，这样不利于零件之间约束关系的求解，所以目前图结构建模在虚拟建模过程中很少被采用；层次建模方法则是以树的表现形式并遵照一定的装配规则将装配体的各个零部件划分为多个层次，可以体现出设计师的设计意图和装配体的组成结构，该方法的缺点是各装配体之间的装配约束关系的表达不够清晰；而混合建模方法兼容了上述两种建模方法的优点，是以层级结构为主要元素并辅以装配关系，但用该方法构建的模型在同一装配模型中存在两种结构，增加了模型维护难度。

上述装配建模方法，存在的主要问题包括：

（1）在继承CAD模型信息的基础上，建立具有完整信息的装配模型难度较大；

（2）零件间装配关系表达的直观性与零件真实结构的复杂性存在一定的矛盾。

## 2.2 产品层次信息模型的主要内容

在舱室装配系统中，对装配体建模是面向装配设计的重要环节，其实质在于如何在装配系统内有效地表达装配体内在和外在的关系。故而建立一个集成度高、信息完善的装配模型具有重要的意义。产品的装配模型应包括零部件的实体信息、装配关系并支持产品从概念设计到零件设计的产品模型，即该模型可以反映和表达产品装配过程中的所有因素和关系。对装配体进行装配建模是源于在舱室装配系统中形成一套完整的装配信息存取机制，用以支持整个舱室装配过程。舱室装配系统对零件模型的基本需求可以总结为以下 4 个方面[54−55]。

1.集成性

舱室装配中零件建模并不是建立一个大而全的零件模型，也不是要求包括装配过程的所有步骤、所有应用领域及各种模型表示方法。这样的需求不仅是不现实的，且生成的零件模型的可扩展性会很差。本质上，舱室装配需要的是一个集成化的零件模型，这样才可以消除不同步骤、不同表示方法造成的模型之间的信息差异，将分散在各个零件模型中的信息有机地集成起来，保障零件信息在装配的各个阶段能够有效应用。

2.多层次性

反映在舱室装配对零件模型上的要求就是零件信息描述的多层次性和多粒度性，这种多层次、多粒度的信息描述不但非常适合于层次化的产品性能分析，且为不同阶段的装配任务提供方便。

3.可重用性

舱室装配的目标之一是缩短产品开发周期、降低开发成本，反映在零件模型上就是要求零件信息能够方便被重用。零件信息的重用包括数据重用、结构重用和设计过程重用。舱室装配中零件模型的重用还应该是多种抽象层次和多个粒度上的信息重用。

4.开放性

舱室装配的内涵在不断地深化和拓展，随着学者们研究的不断深入，必然会有新方法、新技术的呈现。这势必要求零件模型可以容纳更多的新信息并支持新方法，同时对现存的零件模型结构不需要进行太多改动。

一个好的舱室装配模型可以较轻松地完成碰撞检测、装配规划等舱室装配的后续构建。在进行舱室装配时，相应的装配体模型不仅要有几何外观结构描述，还要能够反映出舱室装配的动态交互的特点，这就需要对虚拟模型辅以多种信息表达，例如装配体的几何信息、拓扑信息及过程信息等，没有这些信息的描述，装配是无法实现的。虽然目前的虚拟环境大都为操作人员提供了直观的与舱室装配体进行互操作的手段，但是在将CAD 模型导入虚拟环境的过程中将导致很多模型信息的丢失，恰恰这些信息对于工程师获取和维护装配体的几何约束关系甚为重要，同时舱室装配过程中还需要零件模型的动态信息。因此，本书提出面向装配规划的产品层次信息模型，使装配过程更加智能化。即将装配模型分为 4 个层次：零件属性层、面片显示层、装配关系层、过程信息层，各个层次间通过零件索引号进行数据间的约束与映射，从而实现模型信息层级之间的相互关联，如图 2.7 所示。层次零件建模技术既满足了舱室装配系统实时交互的特性，同时也保持了零件模型信息的全面性。

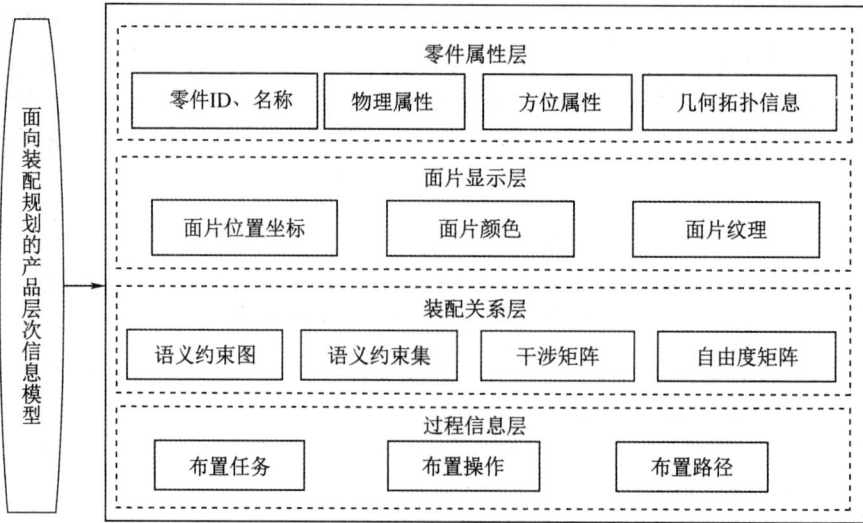

**图2.7　层次信息装配模型**

1.零件属性层

在舱室装配系统建模过程中，零件属性层的信息主要由装配系统读取中性文件来获取。其主要包括零件ID、名称、物理属性、方位属性、几何拓扑信息等。其中，几何拓扑信息包括几何面的曲面描述和组成该面的环、边、点等边界信息；同时，几何拓扑信息还包括该面所包含的三角面片索引信息。

2.面片显示层

三角面片节点信息描述了组成装配体的各三角面片的位置坐标、面片颜色和纹理等。面片显示层的数据信息主要应用于装配过程中装配体模型的显示与拆装过程中的碰撞干涉检测。

3.装配关系层

装配关系层主要包括零件之间的位置关系、连接关系与运动关系，提出以符合设计者思维习惯和表达习惯的语义形式来描述装配体之间的配合约束，以干涉矩阵和自由度矩阵描述零件间的关联关系。

4.过程信息层

描述在舱室装配系统中对零件建模过程中所发生的事件和状态，过程信息层不仅描述了装配操作与装配任务，而且描述了零件的装配序列与装配路径。

层次信息模型相比传统CAD模型具有明显的优势：层次零件信息模型在满足虚拟现实交互性的同时，确保了CAD零件模型设计信息不丢失；同时也利于系统在建模过程中依据不同的装配序列对各个层级模型信息进行操作。其主要表现在[56-57]：

（1）可以在面片显示层显式记录三角面片信息，虽然增加了零件信息的空间复杂度，但可以满足舱室装配实时性的要求；

（2）信息更加详细，既包括了零件模型的物理信息、几何信息、工程信息，也包括了装配体的方位信息和装配路径信息；

（3）装配系统可以依据不同的任务对不同层次模型进行操作求解，如装配序列的求解主要操作装配关系层、模型显示和装配过程的碰撞干涉检测主要操作面片显示层。

## 2.2.1 基于属性表的零件属性层信息描述

获取零件属性层的信息是建模的首要任务。零件属性层的信息获取可以通过对CAD软件进行二次开发，从CAD数据接口中导出，并根据导出数据中存储的层级信息在舱室装配环境中进行提取、解析和重构。

CAD模型与舱室装配系统模型间的信息转换途径是直接通过CAD系统提供的模型标准转换接口完成装配体信息转换的，即利用图形数据交换标准进行转换，CAD系统与装配系统间的模型数据转换过程如图2.8所示。

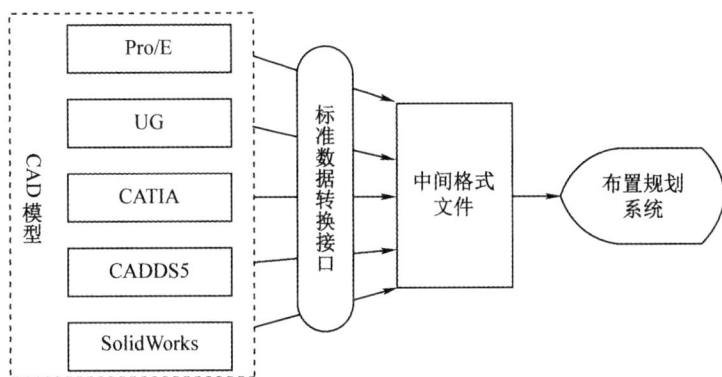

**图2.8　CAD系统与装配系统间的模型数据转换过程**

将从CAD系统转换得到的零件模型数据，包括零件ID、名称、类型、物理属性、方位属性、几何拓扑信息等存储到零件属性表中。零件属性表的具体内容如表2.1所示。

**表2.1　零件属性表**

| ID | 名称 | 类型 | 尺寸 | 材质 | 数量 | 位置 | 装配工具 |
|---|---|---|---|---|---|---|---|
| 1 | 轴 | 轴类 | $(X_1, Y_1, Z_1)$ | 0 | 1 | $(OX, OY, OZ)$ | 1 |
| ... | | | | | | | |
| $n$ | 支架 | 紧固件类 | $(X_n, Y_n, Z_n)$ | 0 | 1 | $(OX, OY, OZ)$ | 1 |

（1）零件的ID用数字序列来表达；

（2）零件的类型主要包括平面类、轴类、紧固件类、球套类等，用数字序列来表达；

（3）零件的尺寸通过零件边界（如左上角、右下角等）的坐标$(X_1, Y_1, Z_1)$来表达；

（4）零件的材质指零件的刚性，即装配过程中是否发生弹性形变，0表示零件是刚性零件，1表示零件在装配过程中有弹性形变；

（5）零件的数量是指一个装配体中含有该零件的个数；

（6）零件的位置是以在全局坐标系中该零件的坐标$(OX, OY, OZ)$来表达；

（7）装配工具指该零件是否需要装配工具，1表示需要装配工具支持，0表示不需要装配工具支持。

## 2.2.2 基于三角小面片的面片显示层信息描述

模型细节的信息描述是装配模型表达的基础，舱室装配系统一般都是通过CAD系统接口来读取所生成的三角面片模型信息进而得到该零件模型信息的。舱室装配系统采用三角面片模型作为零件模型信息显示的最小单元，其主要优点在于：（1）在零件显示和碰撞干涉检测等方面操作简便、速度较快；（2）舱室装配系统中的零件模型可以来源于各种CAD系统模型[58]。

面片显示层则是根据该零件的面片模型文件产生的，目前大多数CAD系统都提供了标准面片格式模型的创建能力，如Render格式、VRML格式等，面片显示层描述了零件模型的空间外形。不同层次的装配模型间存在一定的关系，创建层次模型间的映射机制则将零件所有离散化的三角形面片与相应的几何面进行相关联，从而形成了一个舱室装配环境下零件模型的整体描述结构，并可实现零件信息的双向快速查询。通过这种映射机制，采用零件的三角形面片模型对舱室装配系统中零件进行快速显示，以满足装配系统实时性的要求[59−60]。

## 2.2.3 装配关系层表达零件间配合约束和关联关系

装配关系是对零件之间的相对位置和配合关系的描述，它反映零件间的相互约束关系，是建立产品装配模型的关键。同时，对装配关系的研究是舱室装配序列规划研究的一个前提条件，对于结构简单的舱室装配体，根据装配关系的描述就可以得到装配序列。

装配关系主要包括位置关系、连接关系与运动关系。位置关系描述了基本模型几何元素之间的相互关系，连接关系和运动关系用来表达配合特征。装配约束是当前装配建模系统表达装配关系的主要形式，其本质上可以归结为配合元素点、线、面之间的几何约束关系[61−62]。从工程设计的角度，将舱室装配过程中常用的装配约束分为如图2.9所示的几类。

### 2.2.3.1 基于装配语义的配合约束

装配几何约束描述装配关系的不足主要表现为：（1）不符合舱室装配操作者和设计者的思维习惯；（2）交互效率较低，几何约束表达比较烦琐。因此，提出以符合设计者思维习惯和表达习惯的语义形式来描述装配体之间的配合约束关系。

1.装配语义

**定义2.1** 装配语义[63]（arrangement semanteme, AS）：对零部件之间存在的装配配合关系、装配层次关系、装配动作、装配顺序、装配规则与参数（包括尺寸）等装配关系进行抽象描述。

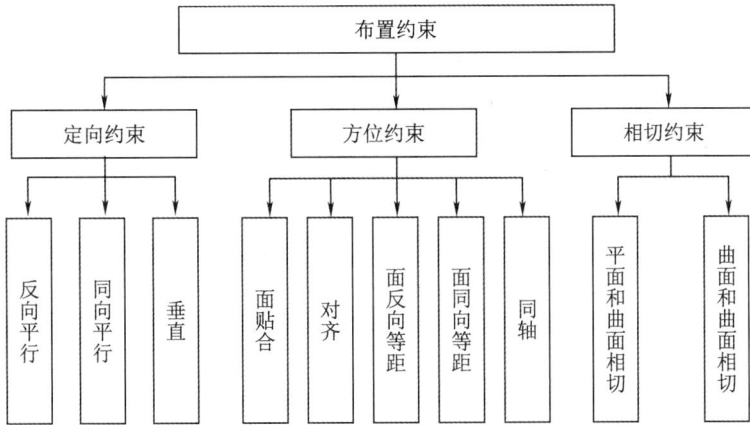

图 2.9　装配约束分类

在实际的装配过程中，几乎任何一种装配语义都是包括位置、连接以及运动等装配关系的组合表达。完整的装配约束模型需要定义零部件的装配特征、定位关系和定位顺序，可以用集合表达为：$AS=\{AF,AR,AO\}$。其中，$AS$ 表示零件的装配约束语义，$AF$ 为装配特征集，$AR$ 为定位关系约束集，$AO$ 为定位顺序约束集。

工程中经常遇到的装配语义包括连接语义、配合语义和传动语义，如表 2.2 所示[64]。

表 2.2　装配语义及内容

| 装配语义 | 语义内容 |
| --- | --- |
| 连接语义 | 螺钉－螺孔连接、螺栓－孔－螺母连接、圆柱销－孔连接、锥销－圆锥孔连接、轴－孔成形连接、键－槽连接、滑块联轴器连接、万向节连接 |
| 配合语义 | 轴－孔配合、平面－平面贴合、平面－平面对齐、轴－衬套－孔配合、轴承座－轴瓦-轴承盖配合 |
| 传动语义 | 标准直齿圆柱齿轮啮合、斜齿轮啮合、带传动、链传动、蜗杆－蜗轮传动 |

与装配规划有关的语义信息常常是一类面向领域知识的信息，一般是装配过程中必须遵循的某领域的规则。这种语义信息往往是先验式的，可以事先由装配系统设计人员进行选择、分类和存储或依据专家系统来完成[65]。在进行装配规划时，可依据产品的语义信息进行一定的判断，使序列规划更合理、更具智能性。在舱室装配环境中实现装配体路径引导及安装的精确定位，关键是识别出系统操作者的意图，对零件配合关系和装配运动过程中的装配语义的获取非常有意义。

2.语义获取

目前的 CAD 系统模型主要针对装配零件几何造型，一般不支持工程师的设计意图，更不支持装配语义的获取。装配语义信息的获取基本上包括两个方面：第一，在 CAD 系统的基础上构建装配零件的工程结构模型，包括各零部件造型和装配实体的生成；第二，对实体模型进行交互操作，得到所需要的装配语义信息。有些装配语义信息可以直接获取，有些语义信息则需要由系统进行自动推理和反演。

3.语义约束集

根据装配语义所包含的装配约束关系，可以建立装配语义的约束集描述，装配语义的约束集描述是表达装配语义内涵的关键。约束集的描述越完备，装配语义的内涵也就越丰富。按照上述的装配语义的定义，图2.10所示的"螺栓－孔－螺母连接"的装配语义的约束集可表示如下，其中 $CS$ 表示零件之间的约束关系。

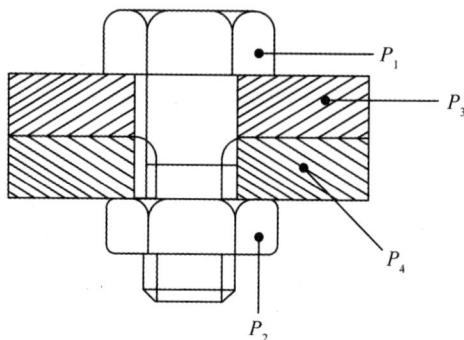

**图2.10 螺栓－板－螺母连接**

$AS${名称:螺栓－板－螺母连接($P_1,P_2,P_3,P_4$)[68]

$//AF:$

$F_{P_1}$:(螺栓轴,螺栓头)     //螺栓属性集

$F_{P_2}$:(螺纹孔,正六面柱)     //螺母属性集

$F_{P_3}$:(通孔,面体)     //板1属性集

$F_{P_4}$:(通孔,面体)     //板2属性集

$//AR:$

$R_1$:(孔－轴连接)     //螺栓穿入板1

$R_2$:(孔－轴连接)     //螺栓穿入板2

$R_3$:(螺纹连接)     //螺栓－螺母连接

$//CS:$

$C_1$:$Conline$($P_1$.螺栓轴.轴线,$P_3$.通孔.轴线)     //$P_1$与$P_3$同轴约束

$C_2$:$Conline$($P_1$.螺栓轴.轴线,$P_4$.通孔.轴线)     //$P_1$与$P_4$同轴约束

$C_3$:$Conline$($P_1$.螺栓轴.轴线,$P_2$.螺纹孔.轴线)     //$P_1$与$P_2$同轴约束

$C_4$:$Mate$($P_1$.螺栓轴.下端面,$P_3$.通孔.上端面)     //$P_1$与$P_3$共面约束

$C_5$:$Mate$($P_3$.通孔.下端面,$P_4$.通孔.上端面)     //$P_3$与$P_4$共面约束

$C_6$:$Mate$($P_4$.通孔.下端面,$P_2$.螺纹孔.上端面)     //$P_2$与$P_4$共面约束

$//AO:$

$$C_1,C_4 \rightarrow C_5,C_6 \rightarrow C_2,C_3$$
}

#### 4.语义约束图

装配约束语义图可以表示产品中各零部件之间的装配约束关系，图2.10所示的零件装配用图形化的形式表达如图2.11所示。

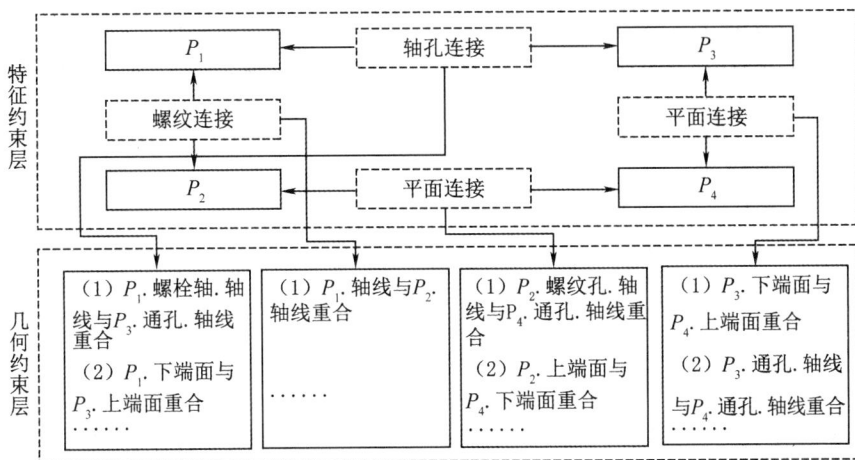

**图2.11 螺栓－板－螺母语义约束图**

图2.11中，特征约束层描述了螺栓、板、螺母之间的属性关系，几何约束层描述了螺栓、板、螺母之间几何约束条件，装配语义"螺栓－板－螺母连接"表示的具体含义如下。

（1）螺栓 $P_1$ 与螺母 $P_2$ 属于螺纹连接，满足的几何约束条件为：$P_1$ 的轴线与 $P_2$ 的轴线重合；

（2）螺栓 $P_1$ 与板 $P_3$ 属于轴－孔连接，满足的几何约束条件为：$P_1$ 的螺栓轴轴线与 $P_3$ 通孔的轴线重合，$P_1$ 的下端面与 $P_3$ 的上端面重合；

（3）板 $P_3$ 与板 $P_4$ 属于平面连接，满足的几何约束条件为：$P_3$ 的下端面与 $P_4$ 的上端面重合，$P_3$ 的通孔轴线与 $P_4$ 的通孔轴线重合；

（4）螺母 $P_2$ 与板 $P_4$ 属于平面连接，满足的几何约束条件为：$P_2$ 的螺纹孔轴线与 $P_4$ 的通孔轴线重合，$P_2$ 的上端面与 $P_4$ 的下端面重合。

### 2.2.3.2 基于干涉矩阵和线性自由度矩阵的连接关系

装配关系中的连接关系对装配规划的求解较为重要。这里重点研究基于干涉矩阵的零件间连接关系的表达。

这里研究零件间的配合关系主要包括平面配合、虚平面配合、轴配合、虚轴配合、紧固件配合及球套配合。虚拟配合表示零件没有直接的配合关系，但存在装配干涉阻碍。装配体的任意两个零件间的连接关系可以由一个六元组形式表达：

$$JR = \{ P_i, P_j, Type, \boldsymbol{IM}, \boldsymbol{DM}_1, \boldsymbol{DM}_2 \} \tag{2-1}$$

式中　$JR$——零件间的连接关系；

　　　$P_i$、$P_j$——装配体中任意两个零件，用零件序号表示；

　　　$Type$——连接关系的类型；

　　　$IM$——干涉矩阵；

　　　$DM_1$——线性自由度矩阵1，指零件$P_i$静止，零件$P_j$相对$P_i$移动情况下，沿着$\{+X,+Y,+Z,-X,-Y,-Z\}$方向的运动自由度；

　　　$DM_2$——线性自由度矩阵2，指零件$P_j$静止，零件$P_i$相对$P_j$移动的情况下，沿着$\{+X,+Y,+Z,-X,-Y,-Z\}$方向的运动自由度。

关联关系的求解主要是生成干涉矩阵和自由度矩阵，同时干涉矩阵和线性自由度矩阵可以作为判断装配序列几何可行性的一个依据。

1.干涉矩阵

零件间的干涉关系是由零件间各种配合关系组合得到的，本书依据装配体零件间的各种配合关系所对应的方向矢量$(X,Y,Z)$，获得零件间$\{+X,+Y,+Z,-X,-Y,-Z\}$方向的多种配合关系，合并此多种配合关系从而获得装配体两零件间的干涉矩阵[66]，其表现形式为

$$IM=\begin{matrix}P_i\\P_j\end{matrix}\begin{bmatrix}M_{iiX}&M_{iiY}&M_{iiZ}&M_{ijX}&M_{ijY}&M_{ijZ}\\M_{jiX}&M_{jiY}&M_{jiZ}&M_{jjX}&M_{jjY}&M_{jjZ}\end{bmatrix} \tag{2-2}$$

干涉矩阵的生成为求解第4章中拆卸干涉矩阵建立基础。下面以实例推导干涉矩阵的求解。

（1）实例1

若装配体的两个零件间$P_i$、$P_j$为平面配合，配合关系的特征矢量为$(1,0,0)$，此时生成的干涉矩阵如下：

$$IM=\begin{bmatrix}0&0&0&1&0&0\\1&0&0&0&0&0\end{bmatrix} \tag{2-3}$$

式（2-3）表示零件$P_i$与$P_j$间沿着$X$方向存在着一个平面配合。

（2）实例2

若装配体的两个零件间$P_i$、$P_j$为轴配合，配合关系的特征矢量为$(0,1,0)$，此时生成的干涉矩阵如下：

$$IM=\begin{bmatrix}0&0&0&0&1&0\\0&1&0&0&0&0\end{bmatrix} \tag{2-4}$$

式（2-4）表示零件$P_i$与$P_j$间沿着$Y$方向存在着一个轴配合。

（3）实例3

若装配体的两个零件间$P_i$、$P_j$为平面配合和轴配合，平面配合关系的特征矢量为$(1,0,0)$，轴配合关系的特征矢量为$(1,0,0)$，此时生成的干涉矩阵如下：

$$IM=\begin{bmatrix}0&0&0&1&0&0\\1&0&0&0&0&0\end{bmatrix} \tag{2-5}$$

式（2-5）表示零件$P_i$与$P_j$间沿着$X$方向存在一个平面配合，$P_i$的配合面的矢量方

向为$+X$，$P_j$的配合面的矢量方向为$-X$；同时，沿着$X$方向还存在一个轴配合，$P_i$的配合面的矢量方向为$+X$，$P_j$的配合面的矢量方向为$-X$。

**2.线性自由度矩阵**

零件间的线性自由度取决于各个零件间配合面矢量或轴线矢量的方向。根据装配体零件间的连接关系与线性自由度间的对应关系，从各个零件沿着$\{+X, +Y, +Z, -X, -Y, -Z\}$方向的连接关系获得零件的线性自由度信息，即依据零件间沿着$\{+X, +Y, +Z, -X, -Y, -Z\}$方向的连接关系推理得到两个零件沿着$\{+X, +Y, +Z, -X, -Y, -Z\}$的线性自由度。线性自由度矩阵1和线性自由度矩阵2分别表示两个零件间的线性自由度，其表现形式为

$$DM = \begin{bmatrix} D+X & D+Y & D+Z \\ D-X & D-Y & D-Z \end{bmatrix} \tag{2-6}$$

若式（2-6）是线性自由度矩阵1，$D+X$的值为1，表示第一个零件静止不动，第二个零件有相对第一个零件沿着$+X$移动的线性自由度；$D-X$的值为1，表示第一个零件静止不动，第二个零件有相对第一个零件沿着$-X$移动的线性自由度。下面以实例推导线性自由度矩阵的求解。

（1）实例1

若装配体的两个零件间$P_i$、$P_j$为平面配合，平面配合的特征矢量为$(1,0,0)$，表示零件$P_i$与$P_j$间沿着$X$方向存在一个平面配合，$P_i$配合面的矢量方向为$+X$，$P_j$配合面的矢量方向为$-X$。

推理得出零件$P_i$与$P_j$间线性自由度矩阵1为

$$DM_1 = \begin{bmatrix} 1 & 1 & 1 \\ 0 & 1 & 1 \end{bmatrix} \tag{2-7}$$

式（2-7）表示零件$P_i$静止不动，零件$P_j$有相对于$P_i$沿着$+X$、$+Y$、$+Z$、$-Y$、$-Z$这5个方向的线性自由度。

零件$P_i$与$P_j$间线性自由度矩阵2为

$$DM_2 = \begin{bmatrix} 0 & 1 & 1 \\ 1 & 1 & 1 \end{bmatrix} \tag{2-8}$$

式（2-8）表示零件$P_j$静止不动，零件$P_i$有相对于$P_j$沿着$+Y$、$+Z$、$-X$、$-Y$、$-Z$这5个方向的线性自由度。

（2）实例2

若装配体的两个零件间$P_i$、$P_j$为轴配合，轴配合关系的特征矢量为$(0,1,0)$，表示零件$P_i$与$P_j$间沿着$Y$方向存在一个轴配合，$P_i$配合面的矢量方向为$+Y$，$P_j$配合面的矢量方向为$-Y$。

推理得出零件$P_i$与$P_j$间线性自由度矩阵1为

$$DM_1 = \begin{bmatrix} 0 & 1 & 0 \\ 0 & 1 & 0 \end{bmatrix} \tag{2-9}$$

式（2-9）表示零件$P_i$静止不动，零件$P_j$有相对于$P_i$沿着$+Y$、$-Y$这2个方向的线性自由度。

零件$P_i$与$P_j$间线性自由度矩阵2为

$$DM_2 = \begin{bmatrix} 0 & 1 & 0 \\ 0 & 1 & 0 \end{bmatrix} \tag{2-10}$$

式（2-10）表示零件 $P_j$ 静止不动，零件 $P_i$ 有相对于 $P_j$ 沿着 $+Y$、$-Y$ 这2个方向的线性自由度。

（3）实例3

若装配体的两个零件间 $P_i$、$P_j$ 为平面配合和轴配合，平面配合的特征矢量 $(1,0,0)$，轴配合的特征矢量为 $(0,1,0)$，表示零件 $P_i$ 与 $P_j$ 间沿着 $X$ 方向存在一个平面配合，$P_i$ 配合面的矢量方向为 $+X$，$P_j$ 配合面的矢量方向为 $-X$；同时，沿着 $Y$ 方向还存在一个轴配合，$P_i$ 配合面的矢量方向为 $+Y$，$P_j$ 配合面的矢量方向为 $-Y$。

零件 $P_i$ 与 $P_j$ 间线性自由度矩阵1为

$$DM_1 = \begin{bmatrix} 1 & 1 & 1 \\ 0 & 1 & 1 \end{bmatrix} \cap \begin{bmatrix} 0 & 1 & 0 \\ 0 & 1 & 0 \end{bmatrix} = \begin{bmatrix} 0 & 1 & 0 \\ 0 & 1 & 0 \end{bmatrix} \tag{2-11}$$

式（2-11）表示零件 $P_i$ 静止不动，零件 $P_j$ 有相对于 $P_i$ 沿着 $+Y$、$-Y$ 这2个方向的线性自由度。

零件 $P_i$ 与 $P_j$ 间线性自由度矩阵2为

$$DM_2 = \begin{bmatrix} 0 & 1 & 1 \\ 1 & 1 & 1 \end{bmatrix} \cap \begin{bmatrix} 0 & 1 & 0 \\ 0 & 1 & 0 \end{bmatrix} = \begin{bmatrix} 0 & 1 & 0 \\ 0 & 1 & 0 \end{bmatrix} \tag{2-12}$$

式（2-12）表示零件 $P_j$ 静止不动，零件 $P_i$ 有相对于 $P_j$ 沿着 $+Y$、$-Y$ 这2个方向的线性自由度。

基于干涉矩阵和线性自由度矩阵的连接关系描述是舱室装配规划的基础，装配体零件间的线性自由度矩阵是判断零件是否满足拆卸可行性的一个基础，尽可能在装配序列规划前删除不可行的拆卸操作。

## 2.2.4 过程信息层表达零件的动态信息

零件属性层、面片显示层及装配关系层只反映了舱室装配零件模型的静态信息，而舱室装配过程还需要零件模型的动态信息，这里用过程信息的表达来反映零件模型的动态信息。过程信息是对装配系统中各种活动的描述，借助过程信息，可以对零件模型的语义信息进行精确评价以及对零件行为进行仿真。同时，过程信息提供了零件模型与舱室装配环境的连通机制。对于结构较复杂的装配体，模型过程信息的研究是进行舱室装配序列规划和路径规划的前提条件。

**定义2.2** 过程信息（process information，PI）——描述了装配零件的运动、装配操作、装配任务、装配路径等装配过程信息。

**定义2.3** 操作——装配过程中的基本动作单元。若 type 表示操作类型，object 表示操作零件对象，status 表示操作完成的状态，time 表示操作起始与结束时间标识，则操作可表示为四元组 operation $<$ type，object，status，time $>$。

**定义2.4** 任务——作用于同一对象的具有功能意义的一系列连续操作的组合。

**定义2.5** 装配路径——零件在舱室装配过程中的装配运动轨迹。采用通过链表的形式来表达装配路径节点，其数据表达为

```
Struct    path_node
{
    Orientation    part_orientation;//方向
    Position    part_position;//位置
    Path_node *next_node;//后续节点
}
```

基于几何模型的装配建模只能有效地表示零件的几何属性，装配专家的知识难以表达。实际上，舱室装配从工程师的设计目的开始，整个舱室装配过程就蕴含了模糊的装配经验和难以表达的装配知识等，可以通过获取舱室装配规划的结果并结合数据分析、推理后将其转化为知识。

过程信息表达可以用于装配知识获取，该获取过程可以转换为虚拟化身及各种系统的活动。零件属性层、面片显示层及装配关系层可以作为装配知识获取时的条件属性，也就是说一定的属性信息、显示信息及装配关系信息可以对应于特定装配结果信息。过程信息的描述是以人工智能技术的采用为特征，基于规则和知识的推理、决策等人工智能方法，将产品的设计意图、装配规划和工厂环境等知识和经验封装在零件模型中[67]。

舱室装配模型知识获取过程如图 2.12 所示。

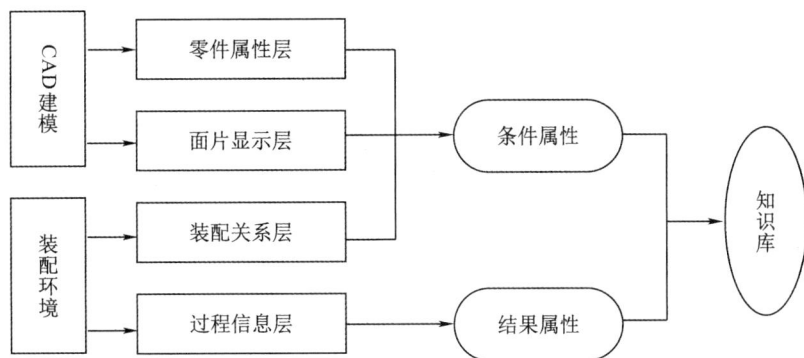

图 2.12　舱室装配模型知识获取过程

零件模型过程信息的获取可以理解成装配工人在舱室装配环境中的映射，因此它应像人一样具有智能，同时也需要和舱室装配车间其他化身进行配合。另外，在舱室装配过程中可能需要设计人员指导化身进行装配活动，此时过程信息的结果属性——知识库将成为指导化身进行装配活动最好的信息库。将虚拟化身技术引入舱室装配系统中，使系统具有表达装配静态和动态知识的能力。建立舱室装配所处环境的领域知识，智能虚拟过程实时获得领域知识并决定自己的行动，同时根据环境的反馈信息调整自身行动，使舱室装配具有环境知识并且可以感知系统的变化并获取知识，即解决装配系统在不确定性动态环境中的反应能力和对外界事物充分感知的能力。

# 2.3 产品层次信息模型的建立过程

舱室装配零件建模中层次信息模型可以表达为[68]

$$VA = (P, F, R, C, X, Y)$$

零件属性层：$P = \{N^1, A^1\}$

    属性节点集合：$N^1 = \{n_1^1, n_2^1, n_3^1, \ldots, n_n^1\}$

    属性约束关系：$A^1 = \{a^1 | a^1 = (n_i^1, n_j^1), n_i^1, n_j^1 \in N^1, i \neq j\}$

面片显示层：$F = \{N^2\}$

    面片显示层节点集合：$N^2 = \{n_1^2, n_1^2, n_1^2, \ldots, n_n^2, \}$

    三角面间几何关系：$A^2 = \{a^2 | a^2 = (n_i^2, n_j^2), n_i^2, n_j^2 \in N^2, i \neq j\}$

装配关系层：$R = \{N^3\}$

    装配关系节点集合：$N^3 = \{n_1^3, n_2^3, n_3^3, \ldots, n_n^3\}$

    装配约束所属关系：$A^3 = \{a^3 | a^3 = (n_i^3, n_j^3), n_i^3, n_j^3 \in N^3, i \neq j\}$

过程信息层：$C = \{N^4\}$

    过程信息节点集合：$N^4 = \{n_1^4, n_2^4, n_3^4, \ldots, n_n^4\}$

    过程信息所属关系：$A^4 = \{a^4 | a^4 = (n_i^4, n_j^4), n_i^4, n_j^4 \in N^4, i \neq j\}$

层次间的数据映射：

$$X = \{x^{ij} | x^{ij} = (n^i, n^j), n^i \in N^i, n^j \in N^j, i \neq j, i, j \in [1, 4]\}$$

层次间的约束映射：

$$Y = \{y^{ij} | y^{ij} = (a^i, a^j), a^i \in A^i, a^j \in A^j, i \neq j, i, j \in [1, 4]\}$$

装配模型具体的建立过程如下：

$N^1 = \{n_1^1, n_2^1, \ldots, n_n^1\}$ 表示系统已经加载的零件，$n_{n+1}^1$ 表示系统当前正在进行加载的零件。

（1）设当前的零件节点为 $n_{n+1}^1$，并顺序获取 $n_{n+1}^1$ 的属性值，以便对 $n_{n+1}^1$ 的属性进行赋值。同时，生成当前零件 $n_{n+1}^1$ 与已经加载的零件 $N^1$ 中 $n_i^1$ 属性约束关系变为 $a_j^1$，从而生成二者的属性约束边集合 $A_{n+1}^1$；

（2）建立面片显示层节点集合 $N_{n+1}^2 = \{n_i^2 (i = 1 \sim n)\}$，生成三角面片节点的几何约束边集合 $A_{n+1}^2$；

（3）形成 $n_{n+1}^1$ 与 $N_{n+1}^2$ 间的信息映射机制 $\{x^{12}\}$；

（4）在 $A_{n+1}^2$ 中寻找与 $a_j^1$ 对应的约束子集 $\Gamma^2 (\Gamma^2 \subset A_{n+1}^2)$，形成 $a_j^1$ 与 $\Gamma^2$ 的信息映射机制 $\{y^{12}\}$；

（5）建立装配关系节点集合 $N_{n+1}^3 = \{n_i^3 (i = 1 \sim n)\}$，生成装配关系节点的所属关系集合 $A_{n+1}^3$；

（6）形成 $n_i^2$ 与 $N_{n+1}^3$ 中成员间的信息映射机制 $\{x^{23}\}$；

（7）在 $A_{n+1}^3$ 中生成与 $a_j^2$ 对应的约束子集 $\Gamma^3 (\Gamma^3 \subset A_{n+1}^3)$，建立 $a_j^2$ 与 $\Gamma^3$ 的信息映射机制 $\{y^{23}\}$；

（8）建立过程信息节点集合 $N_{n+1}^4=\{n_i^4(i=1\sim n)\}$，生成过程信息节点的所属关系集合 $A_{n+1}^4$；

（9）形成 $n_i^3$ 与 $N_{n+1}^4$ 中成员间的信息映射机制 $\{x^{34}\}$；

（10）在 $A_{n+1}^4$ 中生成与 $a_j^3$ 对应的约束子集 $\Gamma^4(\Gamma^4\subset A_{n+1}^4)$，建立 $a_j^3$ 与 $\Gamma^4$ 的信息映射机制 $\{y^{34}\}$；

层次模型在某种程度上是以空间换取时间效率，虽然层次模型使系统的空间复杂度增大，但可以使系统获得更快的模型显示速度及零件间的装配规划速度，显然是值得的。

## 2.4 本 章 小 结

在舱室装配领域的研究中，装配模型的构建是装配规划研究的一个前提。针对舱室装配零件模型特点，提出了面向装配规划的产品层次信息模型。将零件模型信息依次存储在零件属性层、面片显示层、装配关系层及过程信息层，各个层次间通过零件索引号进行数据间的约束与映射，从而实现模型信息层级间的相互关联。层次信息模型利于装配系统依据不同的装配任务对各个层级的模型信息进行操作，使系统获得更快的模型显示速度及零件间的装配规划速度，从而提高装配效率。

# 第 **3** 章
## 基于改进蚁群算法的装配序列规划

舱室装配规划是装配系统最核心的部分，也是研究舱室装配的主要目的。舱室装配规划研究包括两方面：（1）装配序列规划；（2）装配路径规划。在舱室装配过程中，得到装配序列规划后可以进行装配路径规划。本章主要研究基于改进蚁群算法的装配序列求解问题。

在采用十一元组描述装配过程中零件的位置和运动变换的基础上，得到可拆必可装且拆卸序列与装配序列互为可逆这一结论，将装配序列的求解问题转换为拆卸序列的求解问题。在建立零件拆卸干涉矩阵的基础上，提出改进蚁群算法求解拆卸序列，对蚁群算法进行了如下优化：（1）只有在一次迭代循环中找到最优拆卸序列的蚂蚁在相应的拆卸操作路径上增加全局信息素；（2）通过拆卸干涉矩阵求得初始可行拆卸操作，蚂蚁的个数等于初始可行拆卸操作的数目。

## 3.1 装配序列规划的现存问题

装配序列规划是装配规划的重要环节，主要研究装配过程中零件装配序列的生成，是装配规划中最基本的信息。

随着装配过程中零件数目的增加和装配体结构的日益复杂，装配过程中产生的装配序列呈指数级递增，于是研究人员相继提出了很多装配序列规划算法并不断改进。文献[69]中提出基于连接件的层次序列规划算法，将每个连接件的装配序列进行合并来获得系统的装配序列。若系统的连接件增加，将会导致"组合爆炸"问题。文献[70]提出基于知识的装配序列规划算法，文献[71]针对序列规划几何描述复杂度较高这一现象，采取知识推理结合几何计算的方法来求解装配序列，基于知识求解装配序列可以大大提高求解效率，但知识的建立与获取是需要较强的专业领域知识，难度较大。

舱室装配中的设计及规划问题的复杂性日益增大，日趋近似于生命系统。因此，生命现象寻优方法是解决当今舱室装配所面临繁杂难题的一条有效的甚至是必然的路径。装配序列规划问题本质上属于NP组合优化问题，近几年来，研究人员更多地致力于将现代智能计算方法应用到装配序列规划中，如神经网络、模拟退火算法、遗传算法和蚁群算法等，并取得了一些初步的成效。文献[72]将遗传模拟退火算法应用于舱室装配序列规划，建立了对稳定性、聚合性和重定向次数改变的优化评价模型。文献[73]将蚁群算法应用于舱室装配序列规划中，通过几何推理的方法建立所有可行的拆卸序列，并建立目标函数来求解拆卸序列规划。通过几何推理来求解拆卸序列会导致部分可行的拆卸序列被遗漏，最终导致蚁群算法找不到最优装配序列。又有研究人员提出在拆卸混合图、有向图[74]等基础上，应用蚁群算法求解拆卸序列规划问题。通常，仿生启发式算法不需要遍历整个解空间就可以得到最优解或次最优解，可以较圆满地解决装配序列优化问题中的"组合爆炸"现象。学者们对蚁群算法提出改进，较早的一种改进方法是精英策略（elitist strategy）[75]，其思想是在算法开始后即对已发现的优良个体给予额外的增强，当信息素更新时对这些个体进行加权，并将这些个体的蚂蚁记为"精英"，从而加大优良个体被选择的概率。这种改进型算法能够以更快的速度获得更好的解。蚁群算法具有极强的鲁棒性和发现较好解的能力，但同时也存在停滞现象等缺陷。

分析上述装配序列规划算法，存在的主要问题包括：

（1）传统的装配序列规划算法往往都是基于设计者的经验生成，这样所得到的装配序列具有不确定性；

（2）零件间千差万别的装配关系，使装配序列的推理难度增大；

（3）随着零件数目的增加，装配序列产生指数级递增，导致组合爆炸；

（4）将多种知识有效地组织，如何综合装配体模型的几何信息、序列规划算法和实际的装配常识等，以及令装配序列规划问题求解的功能和效率取得令人满意的结果。

# 3.2 虚拟拆装的运动描述及转换

获取装配体在装配过程中的运动描述和位置变换是进行虚拟拆装的前提，是对装配过程中装配体的任意运动或位置变换进行的有效描述。

## 3.2.1 装配体的位置表示及变换

在虚拟拆装过程中，装配体在装配空间中的位置可以用一个四阶矩阵 $A$ 来描述[76]：

$$A = \begin{bmatrix} X_{m1} & X_{m2} & X_{m3} & 0 \\ Y_{m1} & Y_{m2} & Y_{m3} & 0 \\ Z_{m1} & Z_{m2} & Z_{m3} & 0 \\ X_s & Y_s & Z_s & 1 \end{bmatrix} \qquad (3-1)$$

式中 $(X_m, Y_m, Z_m)$ ——装配体相对 $OXYZ$ 的坐标轴方向矢量；

$(X_s, Y_s, Z_s)$ ——相对 $OXYZ$ 的坐标原点。

装配体从装配空间的原始位置变换到另一个位置，可以理解成矩阵 $A$ 经过一个变化矩阵生成一个新的位置矩阵 $A'$，即

$$A' = A * T \qquad (3-2)$$

装配体的位置描述和变换如图3.1所示。这里的矩阵 $T$ 即装配体位置变换矩阵，仍然是四阶矩阵。

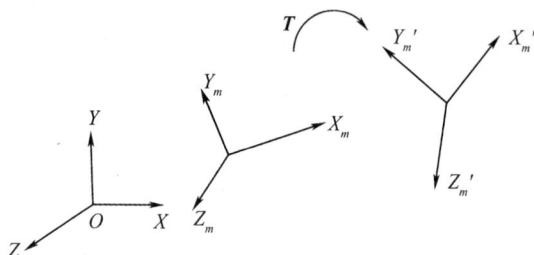

图 3.1 装配体的位置描述和变换

装配体位置的变换矩阵 $T$ 表达为

$$T = \begin{bmatrix} X_1 & X_2 & X_3 & 0 \\ Y_1 & Y_2 & Y_3 & 0 \\ Z_1 & Z_2 & Z_3 & 0 \\ M_{mx} & M_{my} & M_{mz} & 1 \end{bmatrix} \tag{3-3}$$

式中 $(M_{mx}, M_{my}, M_{mz})$——装配体从原始位置沿着 $XYZ$ 轴移动的变化量。

## 3.2.2 虚拟拆装的十一元组表示

在虚拟拆装过程中,将装配体从原位置到目标位置的运动等价于沿某平面的直线运动和绕某轴转动的曲线运动的组合。于是,可以将装配体的拆装运动表示为 $(X_{dt}, Y_{dt}, Z_{dt}, M_t, X_{pi}, Y_{pi}, Z_{pi}, X_{di}, Y_{di}, Z_{di}, M_i)$[77-78],其中,$(X_{dt}, Y_{dt}, Z_{dt})$ 表示装配体在某平面直线运动的方向矢量,$M_t$ 表示在某平面直线运动的位移量,$(X_{pi}, Y_{pi}, Z_{pi})$ 表示某转轴上的任意点,$(X_{di}, Y_{di}, Z_{di})$ 表示绕某轴线转动的曲线运动的方向矢量,$M_i$ 表示绕某轴转动的位移量。

这样的十一元组描述可以将装配体拆装运动完全表达出来,同时,用十一元组所描绘的舱室装配和虚拟拆卸的表达运动形式一致,只是方向不同,可以实现舱室装配和虚拟拆装的转换。

## 3.2.3 装配体的运动变换

在具体的虚拟拆装过程中,根据装配体的装配任务可以得到十一元组的具体数值。根据式(3-2)和式(3-3),装配体的运动主要分为三种:某平面内的直线运动、绕某轴转动的曲线运动、直线运动和曲线运动的组合。

1.某平面内的直线运动

直线运动:

$$T = T_{line} = \begin{bmatrix} 1 & 0 & 0 & 0 \\ 0 & 1 & 0 & 0 \\ 0 & 0 & 1 & 0 \\ M_{mx} & M_{my} & M_{mz} & 1 \end{bmatrix} \tag{3-4}$$

虚拟拆卸运动：

$$(M_{mx}, M_{my}, M_{mz}) = (X_{dt}, Y_{dt}, Z_{dt}) * M_t \tag{3-5}$$

舱室装配运动：

$$(M_{mx}, M_{my}, M_{mz}) = -(X_{dt}, Y_{dt}, Z_{dt}) * M_t \tag{3-6}$$

2.绕某轴转动的曲线运动

曲线运动：

$$T = T_{net} \tag{3-7}$$

虚拟拆卸运动可以根据十一元组中的 $(X_{pi}, Y_{pi}, Z_{pi}, X_{di}, Y_{di}, Z_{di}, M_i)$ 来求解 $T_{net}$；舱室装配运动将 $(X_{di}, Y_{di}, Z_{di})$ 取反可以得到 $T_{net}$。

3.直线运动和曲线运动

虚拟拆装过程的运动是直线运动和曲线运动的组合，则此时十一元组的每个元素都参加运算。变换矩阵 $T$ 与直线运动、曲线运动的组合顺序相关联。通常情况下，虚拟拆卸是先曲线运动再直线运动，舱室装配是先直线运动再曲线运动。

虚拟拆卸：

$$T = T_{net} \cdot T_{line} \tag{3-8}$$

舱室装配：

$$T = T_{line} \cdot T_{net} \tag{3-9}$$

零件装配和拆卸互为可逆过程时，判断某零件是否满足拆卸条件，则可通过求解零件的拆卸顺序来得到零件的装配顺序。如何判断零件是否满足拆卸条件是一个关键问题。

零件可以进行拆卸的条件：某零件至少有一个方向的线性自由度。设线性自由度为 $L_{DOF}$，由第 2 章的线性自由度矩阵可以得知该零件 $XYZ$ 坐标方向的线性自由度为 $(X_{DOF}, Y_{DOF}, Z_{DOF})$。若该方向可以进行拆卸，则线性自由度 $L_{DOF}$ 的值为 1；反之，若该方向不可以进行拆卸，则线性自由度的值为 0。得到某零件满足拆卸条件为[79]

$$L_{DOF} = X_{DOF} \cup Y_{DOF} \cup Z_{DOF} \tag{3-10}$$

装配体的装配过程和拆卸过程互为可逆时，可以利用拆卸序列来生成装配序列。某零件满足拆卸条件，则该零件一定满足装配顺序约束；反之，某零件满足装配条件，但不一定满足装配顺序约束，因为该零件有可能影响后续零件的装配顺序[80]。

设舱室装配系统的零部件均为刚体，且在拆装过程中没有破坏性操作，根据对虚拟拆装的运动描述和转换的研究，推理得到零件可拆必可装且拆卸序列与装配序列互为可逆这一常规，将舱室装配序列的研究转换为虚拟拆卸序列的研究。

## 3.3 拆卸序列规划问题描述

本书将拆卸序列描述为一组拆卸操作（disassembly operation, DO）的有序集合，拆卸序列的逆序即装配序列。其中，拆卸操作可以表达为以拆卸零件、拆卸方向和拆卸工具为参数的三元组，即

$$DO = \{N, O, T\} \tag{3-11}$$

式中    $N$——可以进行拆卸的零件；

$O$——该零件进行此次拆卸操作的拆卸方向；

$T$——零件所对应的拆卸工具。

本书设零件是只沿 $X$ 轴、$Y$ 轴、$Z$ 轴的正负方向进行平动拆卸，曲线运动可以通过直线运动组合得到。这样，在虚拟拆卸过程中，每个装配零件只有6种拆卸操作，可以表达为 $\{N,+X,T\},\{N,-X,T\},\{N,+Y,T\},\{N,-Y,T\},\{N,+Z,T\},\{N,-Z,T\}$。一个零件可能的拆卸方向为6个，设所需要的装配工具为 $m$ 个，则该零件最多为 $6m$ 个拆卸操作。

# 3.4 蚁群算法模型

蚁群算法（ant colony algorithm，ACA）是模拟大自然生物界中蚂蚁的觅食过程而产生的一种进化算法。作为一种智能计算方法，蚁群算法的原理是吸收了昆虫王国中蚂蚁的行为特性，自然界中的蚂蚁在没有视觉的情况下仍然能够找到一条寻找食物的最短路径。且蚂蚁们能够适应周围环境的变化，当原最短路径上存在障碍时，可以再寻找一条新的最短路径。这是因为蚂蚁在走过的路径上留下信息素（pheromone），并通过信息素传递信息。蚂蚁在寻找食物的过程中，不但能够在爬行过的路径上留下信息素，而且能够感知信息素的存在强度，蚂蚁会在食物源同蚁穴之间选择信息素较浓的路径。所以，蚁群的集体行为会出现信息正反馈现象：路径被选择的概率和该路径的信息素强度成正比，某一路径上走过的蚂蚁越多，则后来的蚂蚁往返该路径的频率越高[81-82]。

装配体的拆卸过程与自然界中蚂蚁的觅食过程可以进行相对应，主要表现为：

（1）一条从蚁穴到食物源的蚂蚁爬行路径对应着一个装配体可行拆卸序列，最短的蚂蚁爬行轨迹对应着优化拆卸序列；

（2）蚁穴到食物源的蚂蚁爬行路径长度对应拆卸序列所耗费的拆卸成本；

（3）蚂蚁的蚁穴对应拆卸序列中的第一个零件，食物源对应拆卸序列中的最后一个零件。

蚁群间内在的协同搜索机制，在很多典型的组合优化问题求解中得到了成功的应用。蚁群算法具有分布式、正反馈机制和贪婪式搜索的优点，不易陷入局部最优解，且很快能够找到全局最优解。20世纪90年代初，意大利学者 M.Dorigo[83]等率先提出蚁群系统模型，并成功应用于 TSP 问题。TSP 问题即旅行商问题，寻找一条走遍所有城市的最短路径，每个城市都要遍历到且只能遍历一次。

在 TSP 问题的求解中，初始状态下若干蚂蚁分别位于不同的城市节点上，设 $m$、$n$ 分别表示蚂蚁数目和遍历的城市数。$p_{ij}{}^{k}(t)$ 称为状态转移规则，表示 $t$ 时刻蚂蚁 $k$ 从城市节点 $i$ 选择下一个城市节点 $j$ 的概率，该概率由节点 $i,j$ 组成的边上的信息素强度和问题空间的启发信息共同决定。

$$p_{ij}{}^{k}(t)=\begin{cases}\dfrac{[\tau_{ij}(t)]^{\alpha}*[\eta_{ij}(t)]^{\beta}}{\sum\limits_{k\in allowed_k}[\tau_{ik}(t)]^{\alpha}*[\eta_{ik}(t)]^{\beta}} & 如果\,j\in allowed_k\\[20pt]0 & 否则\end{cases} \tag{3-12}$$

式中　$\eta_{ij}(t)$——节点 $i,j$ 组成的边上的启发信息，通常 $\eta_{ij}(t)=1/d_{ij}$，$d_{ij}$ 代表城市节点 $i,j$ 的距离；

$\tau_{ij}(t)$——节点 $i,j$ 组成的边上的信息素强度；

$allowed_k$ 代表蚂蚁能够选择的下一个城市的集合；

要求信息启发因子 $\alpha\geqslant0$，$\alpha$ 代表蚂蚁爬行过的路径的信息素的重要性；

要求期望启发因子 $\beta\geqslant0$，$\beta$ 代表蚂蚁爬行选择的城市节点能见度的重要性。

图 3.2 是 TSP 问题的求解结果图，问题规模为 30 个城市。初始信息素浓度值为 100，路径相对重要性 $\alpha$ 取值 1.5，城市能见度相对重要性 $\beta$ 取值 2。蚁群算法得到该 TSP 问题的解：30 个城市最短距离求解为 427.897 1。

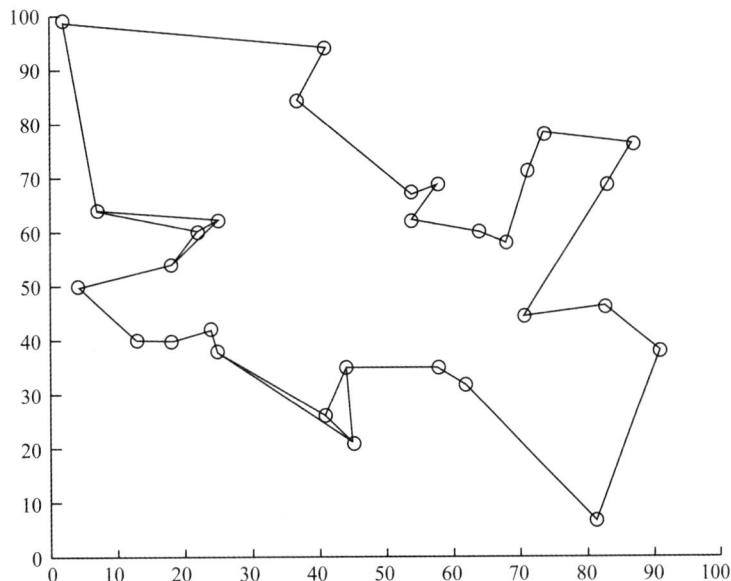

**图 3.2　TSP 问题的求解结果图**

TSP 问题的求解结果显示，蚁群算法具有极强的鲁棒性和发现较好解的能力，但同时也存在停滞现象等缺陷。目前，蚁群算法已在航班着陆等组合优化问题、计算网络路由等领域获得很好的应用。文献[84]用蚁群算法求解装配序列规划，但网络模型过于复杂，因此无法获得装配序列的几何可行性。文献[85]用蚁群算法求解选择性拆卸序列规划问题，本书在建立零件的拆卸干涉矩阵的基础上，提出改进蚁群算法进行拆卸序列规划。

# 3.5 拆卸序列蚁群规划算法

拆卸序列的求解问题可以转换为非对称的 TSP 问题，相对于 TSP 问题而言，拆卸序列的求解问题属于强约束条件路径问题。在这个基本蚁群系统的基础上，学者们陆续提出了不少改进的蚁群算法，逐渐形成了求解不同组合优化问题的蚁群优化算法。

蚁群算法对于拆卸序列的产生是通过逐步进行最优搜索而得到的，这样避免了对很多几何上不可行的拆卸序列的搜索，从而大大缩小了拆卸序列搜索空间并缩短了求解时间[86]。

## 3.5.1 建立拆卸干涉矩阵

**定义 3.1** 拆卸干涉矩阵（disarrangement interference matrix，DAIM）——表达可拆卸零件间沿着 $+X, -X, +Y, -Y, +Z, -Z$ 方向拆卸时的干涉情况方阵。

拆卸干涉矩阵可以利用装配体的 CAD 模型进行几何干涉检测获得，目前很多 CAD 软件（如 Pro/Engineer 等）进行二次开发可以建立出拆卸干涉矩阵。这里，我们在第 2 章建立的模型干涉矩阵的基础上，装配关系类型在蚁群算法的求解过程不参与迭代寻优，这里暂不考虑零件间的装配关系类型，可建立拆卸干涉矩阵。拆卸干涉矩阵是零件几何干涉信息的模型表示，是蚁群算法进行拆卸序列求解的基本信息。

若一个装配体由 $n$ 个零件组成（$P_1, P_2, \cdots, P_n$），则 $n$ 个零件之间的拆卸干涉矩阵表示成 $n*3n$ 的方阵如下：

$$DAIM_n = \begin{array}{c} P_1 \\ P_2 \\ \vdots \\ P_n \end{array} \begin{bmatrix} \begin{array}{cccc} M_{11X}M_{11Y}M_{11Z} & M_{12X}M_{12Y}M_{12Z} & \cdots & M_{1nX}M_{1nY}M_{1nZ} \\ M_{21X}M_{21Y}M_{21Z} & M_{22X}M_{22Y}M_{22Z} & \cdots & M_{2nX}M_{2nY}M_{2nZ} \\ \cdots & \cdots & \cdots & \cdots \\ M_{n1X}M_{n1Y}M_{n1Z} & M_{n2X}M_{n2Y}M_{n2Z} & \cdots & M_{nnX}M_{nnY}M_{nnZ} \end{array} \end{bmatrix} \quad (3-13)$$

$M_{ijX}$ 代表零件 $P_i$ 和 $P_j$ 之间在 $+X$ 方向的几何干涉情况，可以表达为

$$M_{ijX} = \begin{cases} 0 & \text{若} P_i \text{沿} +X \text{方向拆卸时不与} P_j \text{发生干涉} \\ 1 & \text{若} P_i \text{沿} +X \text{方向拆卸时与} P_j \text{发生干涉} \end{cases} \quad (3-14)$$

显然，零件 $P_i$ 沿着 $+X$ 方向和 $-X$ 方向拆卸时，零件 $P_i$ 与 $P_j$ 的干涉情况是相同的。

同理，$M_{ijY}$ 代表零件 $P_i$ 和 $P_j$ 之间在 $+Y$ 方向的几何干涉情况，零件 $P_i$ 沿着 $+Y$ 方向和 $-Y$ 方向拆卸时，零件 $P_i$ 与 $P_j$ 的干涉情况相同；$M_{ijZ}$ 代表零件 $P_i$ 和 $P_j$ 之间在 $+Z$ 方向的几何干涉情况，零件 $P_i$ 沿着 $+Z$ 方向和 $-Z$ 方向拆卸时，零件 $P_i$ 与 $P_j$ 的干涉情况相同。

这样，式（3-14）降低了维数，利于拆卸操作的推理。

## 3.5.2 生成可行拆卸操作集合

在拆卸干涉矩阵的基础上，产生可行拆卸操作集合（disarrangement operation collection，DOC）。

**定义 3.2** 可行拆卸操作集合——零件 $P_i$ 在 $+X, -X, +Y, -Y, +Z, -Z$ 方向上可

行拆卸向量，记为 $DOC_i = (+O_{iX}, +O_{iY}, +O_{iZ}, -O_{iX}, -O_{iY}, -O_{iZ})$。

$DOC$ 中的元素描述了零件 $P_i$ 在 $+X, -X, +Y, -Y, +Z, -Z$ 方向上拆卸的可行性，其值定义为

$$+O_{iX} = \begin{cases} 0 & 零件P_i在+X方向可拆卸 \\ 1 & 零件P_i在+X方向不可拆卸 \end{cases} \quad (3-15)$$

$+O_{iY}, +O_{iZ}, -O_{iX}, -O_{iY}, -O_{iZ}$ 的值定义同 $+O_{iX}$。

由拆卸干涉矩阵中的元素求得

$$+O_{iX} = \bigcup_{j=1}^{n} M_{ijX}; \quad -O_{iX} = \bigcup_{j=1}^{n} M_{jiX}$$

$$+O_{iY} = \bigcup_{j=1}^{n} M_{ijY}; \quad -O_{iY} = \bigcup_{j=1}^{n} M_{jiY} \quad (3-16)$$

$$+O_{iZ} = \bigcup_{j=1}^{n} M_{ijZ}; \quad -O_{iZ} = \bigcup_{j=1}^{n} M_{jiZ}$$

### 3.5.3 蚁群算法求解拆卸序列的优化

1. 拆卸操作节点选择概率

拆卸操作节点的选择概率是指蚂蚁从一个可行拆卸操作 $DO_i$ 选择下一个可行拆卸操作 $DO_j$ 的概率。拆卸序列规划问题中，将蚁群算法中启发信息由拆卸方向改变和拆卸工具改变两个元素组成。设蚂蚁从拆卸操作 $DO_i$ 到下一个拆卸操作 $DO_j$ 的路径为 $(i,j)$，则 $t$ 时刻拆卸操作节点的选择概率定义为

$$p_{ij}^{k}(t) = \begin{cases} \dfrac{[\tau_{ij}(t)]^\alpha * [\sigma_{ij}(t)]^\beta * [\varpi_{ij}(t)]^\gamma}{\sum\limits_{k \in allowed_k} [\tau_{ik}(t)]^\alpha * [\sigma_{ik}(t)]^\beta * [\varpi_{ik}(t)]^\gamma} & 如果 j \in allowed_k \\ 0 & 否则 \end{cases} \quad (3-17)$$

式中 $[\sigma_{ij}(t)]$——拆卸方向改变因子，引导蚂蚁选择拆卸重定向次数较少的路径，定义为

$$[\sigma_{ij}(t)] = \begin{cases} 0.3 & 若拆卸方向改变 \\ 1 & 若拆卸方向不变 \end{cases} \quad (3-18)$$

$[\varpi_{ij}(t)]$——拆卸工具改变因子，引导蚂蚁选择拆卸工具更改次数较少的路径，定义为

$$[\varpi_{ij}(t)] = \begin{cases} 0.3 & 若拆卸工具改变 \\ 1 & 若拆卸工具不变 \end{cases} \quad (3-19)$$

$\tau_{ij}(t)$——拆卸节点 $(i,j)$ 组成的边上的信息素浓度。

$allowed_k$——蚂蚁能够拆卸的下一个零件的集合，且每拆一个零件后需要进行更新。

启发因子 $\alpha$——信息素浓度改变权值，能够反映出蚂蚁在装配序列寻优过程中随机因素的强弱程度，要求 $\alpha \geqslant 0$。$\alpha$ 的值过大，蚂蚁选择爬行过的路径可能性越大，随之导

致装配序列寻优的随机性变小，蚁群算法收敛速度太慢；$\alpha$的值过小，易导致蚁群算法寻优过程初期就陷入局部最优。

启发因子$\beta$——拆卸方向改变权值，要求$\beta \geqslant 0$；

$\gamma$——拆卸工具改变的权值，要求$\gamma \geqslant 0$。

$\beta$、$\gamma$能够反映出蚂蚁在装配序列寻优过程中确定性因素的强弱程度。$\beta$、$\gamma$值越大蚂蚁选择邻近最短路径的可能性越大；$\beta$、$\gamma$过小，易导致蚁群算法陷入随机搜索状态，难以找到最优装配序列。

2.信息素更新

在拆卸序列规划求解中，蚂蚁在完成的拆卸操作上留有信息素，该信息素可以影响后来的蚂蚁。当蚂蚁完成一次拆卸操作后，第$k$个蚂蚁引起的信息素浓度增量与完成一次拆卸操作的拆卸方向改变次数和拆卸工具改变次数有关。初始状态下，信息素浓度通常取值为一个常数。

若$k$时刻，蚂蚁从拆卸操作$i$到拆卸操作$j$，相应的信息素进行局部更新：

$$\tau_{ij}(t) = (1 - \mu) * \tau_{ij}(t) + \mu * \tau_0 \tag{3-20}$$

式中　$\tau_0$——初始信息素，是一个常数；

$\mu$——局部信息素挥发因子，取值范围$0 < \mu < 1$。

所有蚂蚁都完成一次循环后，每一条路径上的信息素依据一定的比例进行衰减，蚂蚁依据自己的拆卸序列中重定向次数和拆卸工具改变次数对已完成的拆卸操作上的信息素进行加强，相应的信息素进行全局更新：

$$\tau_{ij}(t + \Delta t) = (1 - \mu) * \tau_{ij}(t) + \sum_{k=1}^{m} \Delta \tau^k_{ij}(t) \tag{3-21}$$

式中　$\mu$——全局信息素挥发因子，取值范围$0 < \mu < 1$；

$m$——本次迭代中最优拆卸序列的个数。

$$\Delta \tau^k_{ij}(t) = \begin{cases} Q/F & \text{路径在第}k\text{个序列中} \\ 0 & \text{否则} \end{cases} \tag{3-22}$$

式中，$Q$代表信息素总量，$F$代表拆卸序列的评价函数，可以表达为

$$F = \theta_1 * D + \theta_2 * T + 1 \tag{3-23}$$

式中　$D$——得到的拆卸序列中拆卸方向的重定向次数；

$T$——拆卸工具的更换次数；

$\theta_1$，$\theta_2$——重定向和工具更换次数的权重，规定$\theta_1 > \theta_2$，因为重定向对拆卸序列的影响明显大于工具更换次数对拆卸序列的影响。

本书提出，只有在一次迭代循环中找到最优拆卸序列的蚂蚁在相应的拆卸操作路径上增加全局信息素。

3.蚁群中蚂蚁的数量

蚂蚁的数量对算法的循环次数（收敛性）影响较为明显，若蚂蚁数目较大（接近零件个数），虽然能够使蚁群算法的稳定性和全局性提高，但会导致寻优的随机性变差、算

法收敛速度变慢。根据后面序列规划实例的多次实验，本书设置蚂蚁的数量等于初始可行拆卸操作的个数，算法收敛速度比较好。

4.信息素总量

信息素总量 $Q$ 是蚂蚁周游一周在所爬行过的路径释放的信息素总量，通常情况下是一个常数。$Q$ 值越大，蚂蚁在爬行过的路径上信息素积累的速度越快，能够增加算法搜索的正反馈性。信息素总量 $Q$ 的选择比较灵活，对蚁群算法的性能没有较明显的影响。

## 3.5.4 拆卸序列蚁群规划步骤

改进的蚁群算法是在建立拆卸干涉矩阵（DAIM）的基础上，在初始化状态下，赋予每个蚂蚁相同的拆卸干涉矩阵，在搜索过程中蚂蚁更新自己的拆卸干涉矩阵。蚁群算法输出为多个最优或次最优的拆卸序列。算法的具体步骤如下：

（1）在初始状态下，通过拆卸干涉矩阵建立初始可行的拆卸操作节点，并计算拆卸操作节点数目 $m$；

（2）初始状态下，定义循环次数 $NC$，值为1；信息素初始值 $\tau_0$；信息素挥发因子 $\mu$；信息素浓度改变权值 $\alpha$；拆卸方向改变权值 $\beta$；拆卸工具改变权值 $\gamma$；

（3）将 $m$ 只蚂蚁分别随机位于初始可行的拆卸操作路径节点上；

（4）将当前零件的拆卸操作节点置入蚂蚁构建的拆卸序列；

（5）通过式（3−16）建立被选择的拆卸操作队列；

（6）通过式（3−17）计算出拆卸操作队列中拆卸操作节点的选择概率 $P_{ij}^{k}$；

（7）以"轮盘赌"的形式从拆卸操作队列中获得下一个拆卸操作 $DO_j$；

（8）蚂蚁爬行到 $DO_j$，并不再将该拆卸操作的零件号计入搜索空间；

（9）通过式（3−20）对蚂蚁选择过的路径的信息素进行局部更新；

（10）若每个蚂蚁都完成循环搜索，则进行步骤（11），否则返回步骤（4）；

（11）通过式（3−21）全局更新信息素的值；

（12）若此次循环搜索得到的是该蚂蚁构建的最优拆卸序列，则将进行最优拆卸序列更新；

（13）循环次数 $NC$ 增加1，返回步骤（3）；

（14）输出每个蚂蚁构建的最优拆卸序列。

## 3.6 蚁群序列规划算法实例

1.角轮

以文献[87]中的角轮模型为例进行装配序列求解，如图3.3所示，以便和遗传算法做比较。角轮的爆炸视图如图3.4所示。

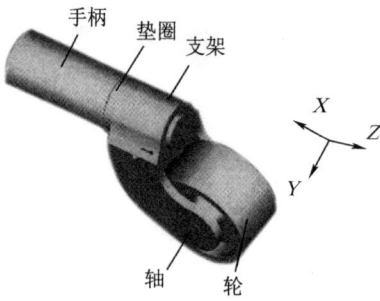

图 3.3 角轮

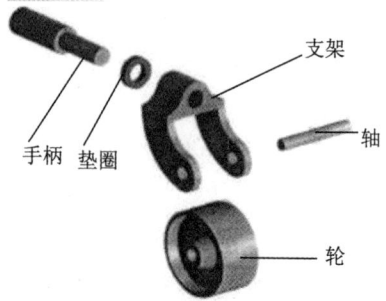

图 3.4 角轮的爆炸视图

表 3.1 给出了角轮中每个零件所对应的装配工具，共需要 3 种装配工具，为 $T1\sim T3$。

表 3.1 角轮零件的装配工具

| 零件名称 | 零件序号 | 对应的装配工具 |
| --- | --- | --- |
| 支架 | 1 | $T1$ |
| 垫圈 | 2 | $T2$ |
| 手柄 | 3 | $T2$ |
| 轮 | 4 | $T3$ |
| 轴 | 5 | $T3$ |

改进的蚁群算法中参数设置：最大循环次数 70；信息素的初始值为 $\tau_0=1$；信息素挥发因子 $\mu=0.1$；信息素总量 $Q=1$；启发信息中拆卸操作方向改变和操作工具改变取值 0.3，不变取值为 1；$\alpha=1.0$；$\beta=0.8$；$\gamma=0.5$。

角轮的拆卸干涉矩阵为 $5\times15$ 方阵：

$$DAIM=\begin{bmatrix} 0 & 0 & 0 & 1 & 1 & 1 & 1 & 1 & 1 & 1 & 1 & 1 & 1 & 0 & 1 \\ 1 & 1 & 1 & 0 & 0 & 0 & 1 & 1 & 1 & 0 & 0 & 0 & 0 & 0 & 0 \\ 0 & 1 & 1 & 0 & 1 & 1 & 0 & 0 & 0 & 0 & 0 & 0 & 0 & 0 & 0 \\ 1 & 1 & 1 & 0 & 0 & 0 & 0 & 0 & 0 & 0 & 0 & 0 & 1 & 0 & 1 \\ 1 & 0 & 1 & 0 & 0 & 0 & 0 & 0 & 0 & 0 & 1 & 0 & 1 & 0 & 0 \end{bmatrix}$$

利用拆卸干涉矩阵中的元素计算，可以得到初始可行的拆卸操作 $(3，+X，T1)$，$(5，+Y，T2)$，$(5，-Y，T2)$。

这样，算法选用 3 只蚂蚁（蚂蚁数量和初始可行拆卸操作数目相同）进行拆卸序列规划寻优。70 次循环结束后，计算时间为 4.63 s。表 3.2 给出了三只蚂蚁分别构建的拆卸序列。

表 3.2 算法输出的角轮拆卸序列

| 蚂蚁 | 输出的拆卸序列 | 重定向数 | 工具更换次数 |
| --- | --- | --- | --- |
| 1 | $(5，+Y，T3)\rightarrow(4，-X，T3)\rightarrow(3，+X，T2)$<br>$\rightarrow(2，-X，T2)\rightarrow(1，-X，T1)$ | 3 | 2 |

表 3.2（续）

| 蚂蚁 | 输出的拆卸序列 | 重定向数 | 工具更换次数 |
|---|---|---|---|
| 2 | $(5, -Y, T3) \rightarrow (4, -X, T3) \rightarrow (2, +X, T2)$ $\rightarrow (3, +X, T2) \rightarrow (1, +X, T1)$ | 2 | 2 |
| 3 | $(5, +Y, T3) \rightarrow (4, -X, T3) \rightarrow (3, +X, T2)$ $\rightarrow (2, +X, T2) \rightarrow (1, +X, T1)$ | 2 | 2 |

重定向方向和工具更换次数最少的序列为最优序列，根据拆卸序列的评价规则 $F = \theta_1 * D + \theta_2 * T + 1$，设 $\theta_1 = 0.5$，$\theta_2 = 0.3$，得到蚂蚁 2 和蚂蚁 3 构建的拆卸序列的评价值为 2.6，蚂蚁 2 构建的拆卸序列的评价值为 3.1。蚂蚁 2 得到的序列根据角轮的装配工程语义信息，就可以知道不是最优序列，这是因为在算法的评价中没有加入具有连接关系的零件应该进行连续拆卸。这样，蚂蚁 3 构建的拆卸序列为最优拆卸序列。则可以得到最优装配序列为 $(1, +X, T1) \rightarrow (2, +X, T2) \rightarrow (3, +X, T2) \rightarrow (4, -X, T3) \rightarrow (5, +Y, T3)$。改进蚁群算法收敛的曲线如图 3.5 所示。

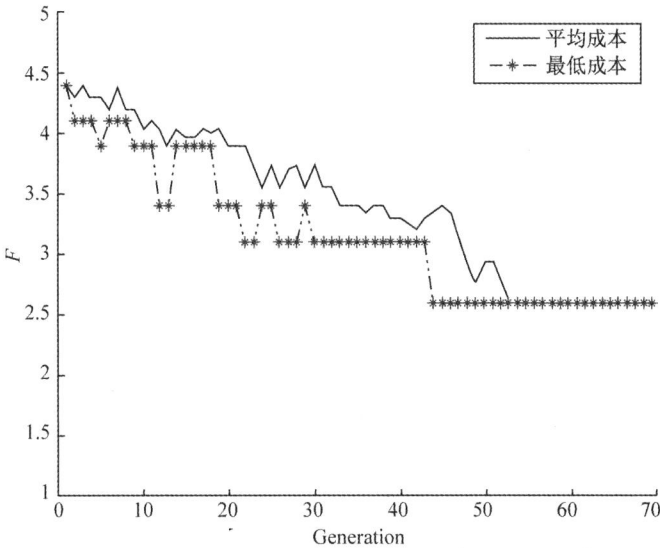

图 3.5　改进蚁群算法收敛曲线

文献 [87] 采用遗传算法进行角轮拆卸序列求解，得到的最优拆卸序列为 $5 \rightarrow 4 \rightarrow 3 \rightarrow 2$，零件 1 作为基础件，重定向次数为 2，没有将拆卸工具的更换列入启发信息。对于角轮这样几何约束不强的装配体而言，改进蚁群算法没有明显地显示出比遗传算法的优越之处。下面选用实例 2 继续验证算法，并和遗传算法进行比较。选取一个典型箱体来求解装配序列，该箱体具有较强约束的特点。

2.强约束的箱体

采用文献 [88] 中的箱体模型为例进行装配序列求解，该箱体具有较强的几何约束关系，如图 3.6 所示，针对这个强约束的箱体，文献 [88] 将拆卸工具的变化列入启发信息。

表3.3给出了箱体中每个零件所对应的装配工具。

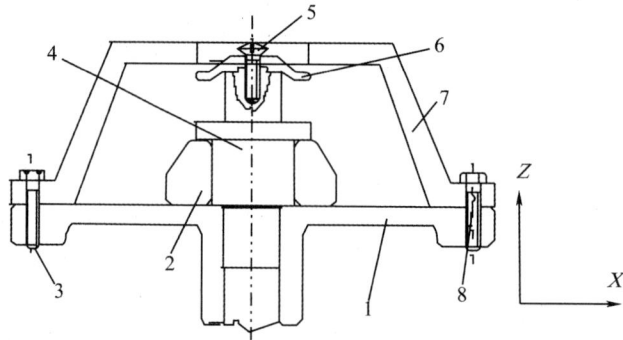

1—机座；2—套筒；3，8—螺钉；4—轴；5—埋头螺钉；6—垫盖；7—箱盖。

**图3.6　箱体**

改进蚁群算法中参数设置：最大循环次数100；信息素的初始值$\tau_0=1$；信息素挥发因子$\mu=0.1$；信息素总量$Q=1$；$\alpha=1.0$；$\beta=0.8$；$\gamma=0.5$。

箱体零件对应的拆卸干涉矩阵为

$$DAIM=\begin{bmatrix} 0 & 0 & 0 & 1 & 1 & 1 & 1 & 1 & 0 & 0 & 0 & 0 & 0 & 1 & 1 & 1 \\ 0 & 0 & 0 & 0 & 0 & 0 & 1 & 1 & 0 & 0 & 0 & 1 & 1 & 1 & 0 & 0 \\ 1 & 0 & 0 & 0 & 0 & 0 & 0 & 0 & 0 & 0 & 0 & 0 & 1 & 0 & 0 & 0 \\ 1 & 0 & 1 & 0 & 0 & 0 & 0 & 0 & 0 & 1 & 1 & 1 & 1 & 0 & 0 & 0 \\ 0 & 0 & 0 & 0 & 0 & 0 & 1 & 0 & 0 & 0 & 1 & 0 & 1 & 0 & 0 & 0 \\ 0 & 0 & 0 & 0 & 0 & 0 & 1 & 1 & 1 & 0 & 0 & 1 & 1 & 0 & 0 & 0 \\ 0 & 0 & 1 & 0 & 1 & 1 & 1 & 0 & 1 & 0 & 1 & 0 & 0 & 0 & 1 & 1 \\ 1 & 0 & 0 & 0 & 0 & 0 & 0 & 0 & 0 & 0 & 0 & 0 & 1 & 0 & 0 & 0 \end{bmatrix}$$

**表3.3　箱体零件的装配工具**

| 零件名称 | 零件序号 | 对应的装配工具 |
| --- | --- | --- |
| 机座 | 1 | $T1$ |
| 套筒 | 2 | $T1$ |
| 螺钉 | 3 | $T2, T3$ |
| 轴 | 4 | $T1$ |
| 埋头螺钉 | 5 | $T3$ |
| 垫盖 | 6 | $T1$ |
| 箱盖 | 7 | $T1$ |
| 螺钉 | 8 | $T2, T3$ |

改进蚁群算法得到最优装配序列为：$(1, -Z, T1) \rightarrow (2, -Z, T1) \rightarrow (4, -Z, T1) \rightarrow (6, -Z, T1) \rightarrow (5, -Z, T3) \rightarrow (7, -Z, T1) \rightarrow (3, -Z, T3) \rightarrow$

$(8, -Z, T3)$。重定向次数 0, 拆卸工具更改次数 3。

文献[88]采用遗传算法得到的最优装配序列为: $(1, +Z, T1) \rightarrow (2, +Z, T1) \rightarrow (4, +Z, T1) \rightarrow (6, +Z, T1) \rightarrow (7, +Z, T1) \rightarrow (5, -X, T2) \rightarrow (8, -X, T3) \rightarrow (3, -X, T2)$。该最优序列的重定向次数 1, 拆卸工具更改次数 3。蚁群算法和遗传算法优化结果比较如表 3.4 所示。

**表 3.4　蚁群算法和遗传算法优化结果比较**

| 算法 | 循环次数 | 重定向次数 | 工具改变次数 | 综合代价值 | 平均运行时间 |
|---|---|---|---|---|---|
| 改进的蚁群算法 | 100 | 0 | 3 | 1.9 | 5.8 s |
| 遗传算法 | 100 | 1 | 3 | 2.4 | 35.6 s |

通过实例验证可以得出, 对于强约束的装配体而言, 遗传算法中由于初始装配序列种群是随机产生的, 可行装配序列在初始种群中不明确, 单纯的随机搜索使算法需要较长时间才寻找到可行装配序列, 求解明显低于蚁群算法。而改进蚁群算法中, 较强约束减少了算法可行候选的拆卸操作, 局限了选择问题的解空间, 算法效率明显提高。

## 3.7 蚁群算法与遗传算法的比较

作为求解装配序列规划的智能计算方法, 蚁群算法和遗传算法分别代表了两类解空间的搜索寻优。从算法所需的数据来看, 蚁群算法和遗传算法都需要装配体零件间的干涉信息, 以此进行装配序列可行性的推理。

遗传算法是把一组较高质量的装配序列作为初始种群, 初始种群的获取并非易事, 并进行交叉变异等遗传操作, 依照"优胜劣汰"来产生新的后代, 从而获得最优装配序列。在装配零件较复杂的情况下, 零件的装配约束较多, 交叉变异后的装配序列不可避免地出现几何上不可行的解, 从而增加了搜索空间和求解时间。

舱室装配序列的蚁群算法是逐步进行最优搜索而得到的, 即通过逐步搜索建立一个舱室装配序列。贪婪启发式搜索的蚁群算法在搜索过程中能够较快地找到装配序列问题的可行解。但由于目前蚁群算法的理论研究成果还比较少, 算法参数的设置还没有比较明确的理论作参考, 往往都是依据求解问题的规模通过试运算来决定。

## 3.8 本章小结

本章研究了舱室装配规划中的装配序列规划, 作为一种 NP 难解组合优化问题, 智能计算方法提供了比较好的问题决定方案; 研究了基于改进蚁群算法的装配序列求解, 在建立拆卸干涉矩阵的基础上, 用改进蚁群算法进行装配序列的求解, 只有在一次迭代循环中找到最优拆卸序列的蚂蚁在相应的拆卸操作路径上增加全局信息素; 蚂蚁的个数等于初始可行拆卸操作的数目; 并实例验证了改进蚁群算法求解最优装配序列的可行性与高效性。

# 第 **4** 章

## 基于遗传蚁群算法的装配序列规划

从上一章基于改进蚁群算法装配序列规划研究可以得出：蚁群算法应用于装配序列的求解有很大的优越性，主要表现在：以正反馈的信息传递和累积机制确保搜索的高效性，分布式并行计算可以有效地避免装配序列求解的过早收敛。但也暴露了蚁群算法求解装配序列问题存在一定的弊端，主要表现在：（1）蚁群算法能够在搜索过程中较快地找到装配序列的可行解，但是因为搜索早期信息素的缺乏，致使蚁群算法搜索到最优装配序列仍然需要很长的时间；（2）蚁群算法搜索一定的解空间后，所有解空间个体如果相同，则无法对解空间进一步进行搜索，即在搜索过程中较易出现停滞，使最优解没有被发现。目前针对蚁群算法的不足学者们提出许多改进办法，主要是在选择策略和信息素更新角度进行改进，虽然算法在收敛速度上有一定的改善，但仍不能解决算法初期信息素缺乏导致求解速度较慢这一问题。

本章将蚁群算法与遗传算法相结合，提出基于遗传蚁群算法（genetic algorithm ant colony algorithm，GAACA）的装配序列规划算法来弥补上述单纯蚁群算法求解装配序列的不足。GAACA算法的主要思想为：每当蚂蚁完成一次周游后，将蚂蚁构建的可行序列加入遗传算法初始种群，遗传算法对该可行装配序列进行全局优化，并依据优化后生成解的质量在对应的蚂蚁爬行路径上释放相应浓度的信息素，该路径上的信息素浓度增大吸引更多的蚂蚁选择此路径进行周游。如此循环不断交叉调用遗传算法和蚁群算法，直至所有蚂蚁选择同一路径或达到了蚂蚁最大周游次数。

## 4.1 遗传蚁群算法思想的提出

将遗传算法在装配序列规划研究领域占有较大的比重，虽然遗传算法比传统的搜索算法具有较强的鲁棒性，但得到的问题最优解受初始种群影响程度较为严重。一些实验表明，单纯的遗传算法求解装配序列问题不一定比传统算法更具有优越性。

最近几年，刚刚将蚁群算法引入装配序列规划问题。蚁群算法属于模拟进化算法，具有正反馈、分布式计算等特点[89]。且贪婪式搜索保证蚁群算法在搜索早期就能够寻找到可行的装配序列。但蚁群算法信息素积累速度较慢，形成信息素强度的时间大约占整个算法搜索时间的一半以上，大大影响了算法搜索效率的提高[90]。

结合遗传算法和蚁群算法各自的特点，吸收两种算法的优势，建立一种遗传算法和蚁群算法结合的混合算法，克服蚁群算法初始信息素匮乏及遗传算法冗余迭代问题，提高序列规划的求解和优化性能。算法的主要思想为：结合蚁群算法求解装配序列的特点，利用遗传算法全局收敛的特征，每当蚂蚁完成一次周游后，将蚂蚁构建的可行序列加入遗传算法的初始种群，遗传算法对蚂蚁构建的可行装配序列进行全局优化，并依据优化后生成解的质量在对应的蚂蚁爬行路径上释放相应浓度的信息素，该路径上的信息素浓度增大吸引更多的蚂蚁选择此路径进行周游。当下一次周游结束后再调用遗传算法对蚂蚁得到的可行装配序列进行全局优化，如此循环不断交叉调用遗传算法和蚁群算法，直至所有蚂蚁选择同一路径或达到了蚂蚁最大周游次数。

## 4.2 GAACA中遗传算法的结构原理

### 4.2.1 遗传算法的原理及优势

遗传算法（genetic algorithm, GA）是 J.H.Holland 根据生物进化模型提出的一种基于自然选择和群体进化机制的参数优化算法，自 1975 年提出以来获得了广泛应用。遗传算法将问题的可能解组成初始种群，并将其中的每个可行解作为种群中的个体。遗传算法从初始种群开始，不断地在整个种群空间中进行随机寻优搜索，并依据适应度函数的评价机制对每一个种群个体进行评价，经过复制、交叉、变异等遗传操作使种群不断进行"优胜劣汰"，从而得到问题的最优解[91]。

遗传算法在刚刚提出时没有受到重视，但近年来由于遗传算法具有较强的鲁棒性，学者们已经把遗传算法应用于学习、优化、自适应等问题中，并逐渐体现出遗传算法的优势[92-93]：

（1）遗传算法不直接计算参数，而是处理代表参数的数字串；

（2）遗传算法在解空间中每次不只局限于一点，而是同时处理一群点，即遗传算法的操作对象是一组问题的可行解，可以避免限于局部极小值；

（3）遗传算法在寻优过程中，无须对目标函数（适应度函数）进行积分，只需要知道目标函数的取值信息；

（4）遗传算法的择优机制不是固定的，是一种"软"决策，使用概率搜索技术。传统搜索算法一般采用确定性搜索方法，这种确定性搜索有可能导致算法无法找到最优解。

隐含并行性和全局搜索特性是遗传算法的两大特性，遗传算法呈现了一种不依赖于问题种类、通用的算法框架。遗传算法求解拆卸序列的组成要素为[94]：

（1）对装配体拆卸问题的基因表达；

（2）由若干可行拆卸序列组成的初始种群；

（3）确定恰当的适应度函数评价是否为最优拆卸序列；

（4）确定恰当的遗传算子及算子参数。

### 4.2.2 基因组编码及染色体的表示

编码是遗传算法的重要步骤，选择、交叉、变异等基本遗传算子的选择和设计都依赖于编码方式，是遗传算子选择的一个基础。

将可行的拆卸序列信息映射到遗传算法种群中，编码方式的影响较为明显。文献[95]中，Benneville最早将遗传算法应用到装配序列规划的求解问题中，每个可行装配序列作为一个由二进制表示的基因编码所组成的染色体，但染色体的优劣没有采用适应度函数进行评价；文献[96]中，S.Chen仍然采用二进制编码方式表示可行的装配序列，但对基因操作的类型进行了扩展，并采用适应度函数来评价装配序列的优劣；文献[97]中利用十进制的实数进行装配序列编码，并提出分段基因编码方式；文献[98]中，Lazzerini利用了多维基因的编码方式。

上述列举的装配序列求解的基因编码方式中，文献[95]和文献[96]中装配序列的基因编码只对装配体的各个零件编号进行描述，因而用基因算法进行优化遗传算法所得出的最终结果——最优或次优的装配序列，只单纯包含装配体中各个零件的装配先后顺序，并没有描述出装配体在装配过程中的其他信息，如零件的装配方向、装配工具及装配类型等。文献[97]虽然考虑了零件的装配方向和装配工具，但由于采用了分段编码方式，所以导致遗传算法搜索效率很低，所给出的装配序列规划实例要进化到8 000～10 000代才能寻找到最优装配序列。

基于上述遗传算法中编码方式的分析，并结合拆卸序列求解的特点，本书采用符号编码方式。符号编码能够使算法更接近装配序列求解的问题空间，同时不需要二进制编码方式下的解码过程，使解空间和编码空间完全一致，更有利于遗传算法求解装配序列。利用基因组的编码方式描述装配体中各个零件的信息，采用四位码编码，这四位码依次是零件编号、拆卸工具、拆卸方向、装配拆卸类型，基因组的编码方式用四元组表示为

$$Part_i = \{ Num_i, Tool_i, Direction_i, Type_i \} \tag{4-1}$$

式中　$Num_i$——装配体中零件的编号，用十进制整数表示；

$Tool_i$——装配过程中该零件所对应的装配/拆卸工具；

$Direction_i$——该零件的拆卸方向，只讨论沿$X$轴、$Y$轴、$Z$轴的正负方向进行平动拆卸；

$Type$——该零件的装配类型，根据第2章内容可知装配类型包括平面配合、虚平面配合、轴配合、虚轴配合、紧固件配合及球套配合6种。

这样，得到

$$Num_i \in \{1, 2, \cdots, n\}$$
$$Tool_i \in \{ Tool_1, Tool_2, \cdots, Tool_n \}$$
$$Direction_i \in \{ +X, -X, +Y, -Y, +Z, -Z \}$$
$$Type_i \in \{ Type_1, Type_2, \cdots, Type_6 \} \tag{4-2}$$

图4.1给出了一个用四元组形式描述的染色体，表达了由基因组组成的一个零件在装配序列求解过程中的存在形式。

| $Num_i$ | $Tool_i$ | $Direction_i$ | $Type_i$ |
|---|---|---|---|

图4.1 零件的基因组编码

这里认为对装配过程中确定的零件的装配类型是固定的，可以不参加遗传操作，这样装配体的基因组编码可简化为图4.2的形式。

| $Num_i$ | $Tool_i$ | $Direction_i$ |
|---------|----------|---------------|

**图 4.2 简化后的零件基因组编码**

### 4.2.3 初始种群的产生

在基本遗传算法中，初始种群中个体通常是随机产生的。在没有装配序列求解的先验知识的前提下，难以断定最优装配序列解的数量及其分布情况，导致遗传算法局部收敛。在遗传蚁群混合算法中，交叉调用遗传算法和蚁群算法，每当蚂蚁完成一次周游后，得到的一组装配序列可行解加入遗传算法的初始种群。

### 4.2.4 选择算子的选取及其对模式生存数量的影响

#### 4.2.4.1 选择算子的选取

装配序列问题求解中，由于拆卸操作具有一定的随机性，而实际的遗传算法种群规模不可能设为无限大，所以在装配序列的求解过程中不可避免存在着选择操作。本书采用比例选择的方式进行拆卸操作的选择，同时采用最优保存策略。其主要过程为[99-100]：

（1）求解每个拆卸操作在下一代群体中的生存期望数 $n_i$：

$$n_i = \frac{n \times f(d_i)}{\sum_{i=1}^{n} f(d_i)} \tag{4-3}$$

式中 $f(d_i)$——拆卸操作的适应度；

$n$——种群规模。

（2）$n_i$ 的整数部分 $\lfloor n_i \rfloor$ 作为下一代群体的生存数目。

（3）将 $f(d_i) - \dfrac{\lfloor n_i \rfloor \times \sum_{i=1}^{n} f(d_i)}{n}$ 作为拆卸操作的新适应度，利用比例选择机制得出下一代中还没有确定的 $n - \sum_{i=1}^{n} \lfloor n_i \rfloor$ 个拆卸操作。

采用的最优保存策略目的是将最优的拆卸序列保存起来，不参加交叉、变异等遗传操作。

#### 4.2.4.2 选择算子对模式生存数量的影响

在比例选择操作中，根据"轮盘赌"选择机制，拆卸操作被选择的次数与适应度成正比，设拆卸操作种群为 $d(t)=(d_1,d_2,\cdots,d_n)$，模式为 $H$，则 $H \cap d(t)$ 中每一个拆卸操作依据概率 $p_s(d_i)$ 被选择[101]，即

$$p_s(d_i) = \frac{f(d_i)}{\sum_{i=1}^{n} f(d_i)} \tag{4-4}$$

$H \cap d(t)$中是包含$|H \cap d(t)|$个拆卸序列，且每个拆卸序列都要经过$N$次选择，所以得出$H \cap d(t)$中的拆卸序列被选择次数的期望值是：

$$|H \cap d(t)| * N * \frac{f(H(t))}{\sum_{i=1}^{n} f(d_i)} = |H \cap d(t)| * N * \frac{f(H(t))}{\overline{F(t)}} \tag{4-5}$$

式中　$f(H(t))$——种群中模式$H$的平均适应度值；

　　　$\overline{F(t)}$——种群$d(t)$中拆卸序列的平均适应度。

式（4-5）表明，在下一代群体中模式$H$的生存数量与平均适应度值$f(H(t))$成正比，与种群$d(t)$中拆卸序列的平均适应度$\overline{F(t)}$成反比。若$f(H(t)) > \overline{F(t)}$时，模式的生存数量增加；反之，若$f(H(t)) < \overline{F(t)}$时，模式的生存数量减少[102]。

设$f(H(t)) - \overline{F(t)} = \eta \times \overline{F}$，这里$\eta$是一个定常数，这样式（4-5）可变化为

$$|H \cap d(t)| \times \frac{f(H(t))}{\overline{F(t)}} = |H \cap d(t)| \times \frac{\overline{F} + \eta \times \overline{F}}{\overline{F}} = |H \cap d(t)| \times (1 + \eta) \tag{4-6}$$

设最优拆卸序列寻找是从$t=0$开始，式子（4-6）可变化为

$$|H \cap d(t)| = |H \cap d(0)| \times (1 + \eta)^t \tag{4-7}$$

式（4-7）表明，在选择算子的作用下，模式$H$的生存数量呈指数级变化。若$\eta > 0$，$H$的生存数量呈指数级增加；若$\eta < 0$，$H$的生存数量呈指数级减少。在选择算子的作用下，模式的生存数量发生变化，但没有新模式产生[103]。

## 4.2.5 交叉算子的设计及其对模式生存数量的影响

### 4.2.5.1 交叉算子的设计

本书采用Bierwitth[104]提出的优先关系保留交叉算子$PPC$（precedence preservative crossover），$PPC$与其他交叉算子比较，其优点在于执行交叉操作时可以不破坏拆卸序列父代的优先约束关系，继而确保交叉后的拆卸序列能够满足所有的装配优先关系。具体的交叉过程以实例说明如下：

给定的种群中两个父代拆卸序列为

$DO_1 = \{4,3,5,8,7,1,6,2,9\}$；

$DO_2 = \{3,6,5,9,4,1,2,8,7\}$。

这里为了将交叉过程作简单说明，只将零件序号作为染色体参数。

设交叉算子$PPC_1$和$PPC_2$分别为

$PPC_1: 211221112$；

$PPC_2: 221121212$。

进行$PPC_1$的交叉操作生成一个新的拆卸序列$CDO_1$，执行$PPC_2$的交叉操作对应生成

一个新的拆卸序列 $CDO_2$。交叉算子 $PPC_1$ 和 $PPC_2$ 中的位码 1 或 2 代表拆卸序列中的零件号从 $DO_1$ 或 $DO_2$ 中选择，每次都是选择 $DO_1$ 或 $DO_2$ 最前面的零件，同时将被选择的零件号从拆卸序列 $DO_1$ 和 $DO_2$ 中删除，重复进行交叉选择过程直至所有的零件都被选择。

交叉算子 $PPC1$ 的第一位为 2，则从 $DO_2$ 选择最前的零件序号 3 作为子代 $CDO_1$ 中的第一位，同时将 $DO_1$ 和 $DO_2$ 中的零件序号 3 删除；交叉算子 $PPC_1$ 的第一位为 1，则从 $DO_1$ 选择最前的零件序号 4 作为子代 $CDO_1$ 中的第二位，同时将 $DO_1$ 和 $DO_2$ 中的零件序号 4 删除。依次类推，直至生成 $CDO_1$。于是，得到子代 $CDO_1$ 为 $CDO_1=\{3,4,5,6,9,8,7,1,2\}$。

同理，可以推导出 $CDO_2$ 为 $CDO_2=\{3,6,4,5,9,8,1,2,7\}$。

### 4.2.5.2 交叉算子对模式生存数量的影响

优先关系保留交叉算子是随机选择父代中 1 到 $l-1$（$l$ 表示染色体的串长）中的某一位作为交叉点，然后交叉点后的两个父代对应的子串进行交叉。这样当且仅当交叉点在模式定义长度内，模式才可能会遭到破坏[105]。

模式遭到破坏的概率最大不超过 $\dfrac{\delta(H)}{l-1}$，$\delta(H)$ 为模式的定义长度；遗传算法中定义的交叉概率为 $P_c$，即拆卸序列的子代间是以 $P_c$ 为概率进行交叉的，则模式遭到破坏的概率最大不超过 $P_c \times \dfrac{\delta(H)}{l-1}$。故，经过选择操作和交叉操作后，模式 H 中元素数目的期望值 $m$ 最小为

$$m=\left|H\cap d(t)\right|\times\frac{f(H(t))}{F(t)}\times\left[1-P_c\times\frac{\delta(H)}{l-1}\right] \tag{4-8}$$

从式（4-8）中可以得到，模式的定义长度 $\delta(H)$ 直接影响着交叉操作对模式的破坏，模式的定义长度越大，模式遭到破坏的概率也越大。

设拆卸序列在交叉算子的作用下模式存活的概率为 $P_c^H$，则有

$$P_c^H\geqslant 1-P_c\times\frac{\delta(H)}{l-1} \tag{4-9}$$

那么，模式在选择、交叉算子的作用下其生存数量可以用式（4-10）计算：

$$|H\cap d(t)|\geqslant|H\cap d(t)|\times\frac{f(H(t))}{F(t)}\times P_c^H \tag{4-10}$$

从式（4-10）可以得到：在选择算子和交叉算子的作用下，模式生存数量与模式平均适应值 $f(H(t))$ 和模式的定义长度 $\delta(H)$ 有关。若 $f(H(t))>\overline{F}(t)$，且模式的定义长度 $\delta(H)$ 较小，则模式 H 的生存数量呈指数级增加。

## 4.2.6 变异算子的设计及其对模式生存数量的影响

### 4.2.6.1 变异算子的设计

变异算子实质上是执行若干次概率为 $P_m$ 的对换操作。拆卸序列求解问题中变异操作的前提是：不可以改变装配体的零件间的拆卸优先关系，是对由变异概率 $P_m$ 选择得到的两个随机零件实施位置交换。

### 4.2.6.2 变异算子对模式生存数量的影响

对于变异后的拆卸序列，每个零件位置发生变异的概率是 $P_m$，则该拆卸序列中此零件不发生变异的概率是 $1-P_m$，模式 $H$ 在变异算子的作用下能够生存下来，要求模式的确定基因在变异过程中不可以发生变化，模式 $H$ 的阶为 $O(H)$，所以在变异算子的作用下，模式 $H$ 不遭到破坏的概率为 $(1-P_m)^{O(H)}$。

经过选择、交叉、变异三个遗传算子的作用后，拆卸序列 $d(t+1)$ 中包含模式 $H$ 中元素数目的期望值应该满足下面的条件：

$$E(|H \cap d(t+1)|) \geqslant |H \cap d(t)| \times \frac{f(H(t))}{F(t)} \times \left[1 - P_c \times \frac{\delta(H)}{l-1}\right] \times (1-P_m)^{O(H)} \quad (4-11)$$

当 $P_c \ll 1$，且 $P_m \ll 1$ 的情况下，有：

$$(1-P_m)^{O(H)} \approx 1 - P_m \times O(H) \quad (4-12)$$

$$\left[1 - P_c \times \frac{\delta(H)}{l-1}\right] \times (1-P_m)^{O(H)} \approx 1 - P_c \times \frac{\delta(H)}{l-1} - P_m \times O(H) \quad (4-13)$$

由式（4-13）及上述选择、交叉、变异三个遗传算子对模式 $H$ 的生存数量的影响，则得到下面的结论：

$$E(|H \cap d(t+1)|) \geqslant |H \cap d(t)| \times \frac{f(H(t))}{F(t)} \times \left[1 - P_c \times \frac{\delta(H)}{l-1}\right] \times (1-P_m)^{O(H)}$$

$$\approx |H \cap d(t)| \times \frac{f(H(t))}{F(t)} \times \left[1 - P_c \times \frac{\delta(H)}{l-1} - P_m \times O(H)\right] \quad (4-14)$$

由式（4-14）可得到，过大的变异概率将导致模式遭到破坏，影响遗传算法的收敛性，故变异概率要取较小值[106-107]。

通过上述的选择、交叉、变异三个遗传算子对模式 $H$ 的生存数量的影响的分析，证明本书设计的遗传算子符合遗传算法中的模式定理。

## 4.2.7 装配序列规划的适应度函数构造

适应度是衡量种群中个体优劣的一个标志，是执行遗传算法"优胜劣汰"的依据，是驱动遗传算法寻找最优装配序列的动力。

遗传算法中的适应度函数用于评价拆卸序列的优劣，装配过程根据不同的生产目标，对装配序列的评价标准也有差异，采用以下几个衡量标准对装配序列进行评价[108]：

（1）几何可行性：在拆卸过程不允许出现几何干涉现象，几何可行性是拆卸序列首先要满足的条件。

（2）重定向性：重定向是指装配体在拆卸过程中发生翻转，拆卸方向发生改变，需要对零件重新进行拾取，增加了拆卸时间，故尽量避免装配体拆卸方向发生改变。

（3）稳定性：在拆卸过程中，若有零件出现失稳现象，则需要夹具支持，容易发生失稳的零件增加了拆卸的难度，故拆卸过程中尽量控制失稳零件的数目。

适应度函数通常都是结合具体的求解问题进行设计，根据上面三个装配序列的评价

标准，并结合拆卸序列求解的实际需要从评价标准中选择指标，本书所设计的遗传算法适应度函数的形式为

$$F(P_i) = \theta_1 * f_1 + \theta_2 * f_2 + 1 \qquad (4-15)$$

式中，$f_1$表示用来评价装配序列重定向性，$f_2$表示用来评价装配工具更换；$\theta_1$、$\theta_2$是评价指标的权重，对于拆卸序列的优劣重定向性远大于装配工具的更换，故要求$\theta_1 > \theta_2$。

## 4.2.8 遗传算法求解装配序列规划的局限

用遗传算法求解拆卸序列问题有较好的收敛性，能够在较短的时间内经过较少次迭代寻找到一个可行装配序列。遗传算法是从一组可行的拆卸序列开始搜索，可以避免搜索过程局部收敛。但也存在着以下不足[109]：

（1）遗传算法求解拆卸序列问题时受初始装配序列种群的影响较为明显，对初始种群依赖性很强，不合适的装配序列初始种群将不可能引导搜索过程向好的方向进化，导致遗传算法出现过早收敛。最终可能得不到近似最优装配序列，甚至有可能不收敛。

（2）在装配零件较复杂的情况下，零件的装配约束较多，交叉变异后的装配序列不可避免地出现几何上不可行的解，从而增加了搜索空间和求解时间。

（3）初始种群规模不够大或遗传算子选取不合适，易丧失拆卸序列种群个体的多样性。若某些拆卸序列个体在种群中占有绝对优势，则算法将强化该优势，导致遗传算法搜索范围变小，使算法收敛于一些相同的拆卸序列，易迭代出现早熟现象。在迭代后期，当各个拆卸序列的适应度值相差不大时，会出现随机漫游现象，遗传算法的搜索结果不一定是全局最优装配序列。

## 4.3 GAACA中蚁群算法的结构原理

### 4.3.1 蚁群算法的寻优模型

在 GAACA 混合算法中，将装配序列的求解过程与自然界蚁群的觅食过程相对应。对于任一装配体而言，从拆卸角度出发，该装配体包含数目有限的初始可行拆卸零件，将装配体初始可行的拆卸操作作为蚁群寻优过程中的路径节点，两节点间相连就形成一条装配路径。将蚂蚁的搜索起点设为初始可行的拆卸操作节点，这样每个蚂蚁都是从一个初始可行的拆卸操作开始构建自己的序列，经过一定的循环蚂蚁将得到最优或次优的装配序列[110]。

### 4.3.2 蚁群的路径选取

在蚂蚁路径寻优初期，有些路径已经被蚂蚁选择，有些路径还未被选择。蚂蚁在装配序列路径寻优过程中采用的策略为：路径上的信息素值越大，该路径被后来蚂蚁选择的概率越大，随之，此路径累积的信息素浓度也就越大。为避免在蚂蚁路径寻优初期就出现局限于几条已经被选择过的路径，使可行序列解失去多样性，这里规定一个信息素的阈值$\xi_0$，若某路径上信息素浓度超过所设定的阈值$\xi_0$，则蚂蚁在信息素的驱动下选择该

信息素值较大的路径。设第$k$个蚂蚁在$t$时刻从拆卸操作节点$i$到下一个拆卸操作节点$j$的路径为$(i,j)$，则第$k$个蚂蚁在$t$时刻按照下面的方式从拆卸操作节点$i$到下一个拆卸操作节点$j$：

$$j = \begin{cases} \arg\max_{j \in allowed_k} \{ [\tau_{ij}(t)]^\alpha [\sigma_{ij}(t)]^\beta [\varpi_{ij}(t)]^\gamma \} & \beta \leqslant \xi_0 \\ \arg\max_j P_{ij}{}^k(t) & \text{其他} \end{cases} \quad (4-16)$$

式中　$p_{ij}{}^k(t)$——$t$时刻拆卸操作的选择概率，定义为

$$p_{ij}{}^k(t) = \begin{cases} \dfrac{[\tau_{ij}(t)]^\alpha [\sigma_{ij}(t)]^\beta [\varpi_{ij}(t)]^\gamma}{\displaystyle\sum_{k \in allowed_k} [\tau_{ik}(t)]^\alpha [\sigma_{ik}(t)]^\beta [\varpi_{ik}(t)]^\gamma} & \text{如果} j \in allowed_k \\ 0 & \text{否则} \end{cases} \quad (4-17)$$

$[\sigma_{ij}(t)]$——拆卸方向改变因子，引导蚂蚁选择拆卸重定向次数较少的路径；

$[\varpi_{ij}(t)]$——拆卸工具改变因子，引导蚂蚁选择拆卸工具更改次数较少的路径；

$\tau_{ij}(t)$——拆卸节点$(i,j)$组成的边上的信息素浓度；

$allowed_k$——蚂蚁能够拆卸的下一个零件的集合，且每拆一个零件后需要进行更新；

$\alpha$——信息素浓度改变权值，要求$\alpha \geqslant 0$；

$\beta$——拆卸方向改变权值，要求$\beta \geqslant 0$；

$\gamma$——拆卸工具改变的权值，要求$\gamma \geqslant 0$。

拆卸序列规划问题中，蚁群算法启发信息由拆卸方向改变、拆卸工具改变两个元素组成。

### 4.3.3　信息素更新

在拆卸序列规划求解中，蚂蚁会在漫游过的路径上留有信息素，原有的信息素将逐渐消失，该信息素可以影响后来的蚂蚁，所以需要对路径上的信息素进行更新。当蚂蚁完成一次拆卸操作后，第$k$个蚂蚁引起的信息素浓度增量与完成一次拆卸操作的拆卸方向改变次数、拆卸工具及装配类型的改变次数有关。初始状态下，信息素浓度通常取值为一个常数。

若$k$时刻，蚂蚁从拆卸操作节点$i$到拆卸操作节点$j$，相应的信息素进行局部更新：

$$\tau_{ij}(t) = (1-\mu) * \tau_{ij}(t) + \mu * \tau_0 \quad (4-18)$$

式中　$\tau_0$——初始信息素，是一个常数；

$\mu$——局部信息素挥发因子，取值范围$0 < \mu < 1$。

遗传算法对蚂蚁得到的可行装配序列进行全局优化，并依据优化后生成解的质量在对应的蚂蚁爬行路径上释放相应浓度的信息素，进行信息素的全局更新，其更新方式为

$$\tau_{ij}(t) = (1-\mu) * \tau_{ij}(t) + \Delta\tau_{ij}(t) \quad (4-19)$$

式中　$\Delta\tau_{ij}(t)$——遗传算法生成优化解的质量在对应的蚂蚁爬行路径上释放相应浓度的信息素增量，$\Delta\tau_{ij}(t)$可用下面的式子计算得到：

$$\Delta\tau_{ij}(t) = \begin{cases} \varpi_{ij}{}^k(t) + \sigma_{ij}{}^k(t) & \text{若}(i,j)\text{是最优路径} \\ 0 & \text{其他} \end{cases} \quad (4-20)$$

该路径上的信息素浓度增大吸引更多的蚂蚁选择此路径进行周游。当一次周游结束后再调用遗传算法对蚂蚁得到的可行装配序列进行全局优化，如此循环不断交叉调用遗传算法和蚁群算法，直至所有蚂蚁选择同到了蚂蚁最大周游次数。

## 4.4 装配序列规划遗传蚁群算法的实现

遗传蚁群混合算法求解装配序列的具体实现步骤：

（1）算法的输入，包括零件所对应的装配工具、装配类型列表，以及蚂蚁最大周游次数 $NC_{max}$、遗传算法最大迭代次数 $G_{max}$、交叉概率 $P_c$、变异概率 $P_m$、信息素浓度改变权值 $\alpha$、拆卸方向改变权值 $\beta$、拆卸工具改变的权值 $\gamma$、装配类型改变权值、信息素初始值 $\tau_0$、信息素挥发因子 $\mu$；

（2）建立装配体的拆卸干涉矩阵，根据拆卸干涉矩阵确定初始可行的拆卸操作节点，蚂蚁的数目 $m$ 等于初始可行拆卸操作的数目；

（3）设置蚂蚁周游计算器 $M$，设其初始值为1；

（4）将 $m$ 个蚂蚁分别随机位于初始可行的拆卸操作路径节点上，蚂蚁们开始进行周游；

（5）若 $NC > NC_{max}$，则执行步骤（13），算法结束；

（6）若蚂蚁完成了一次周游，即得到一组可行的装配序列，则执行步骤（10）；

（7）当装配体的所有可行拆卸操作置入蚂蚁构建的拆卸序列，通过第3章的式（3－16）建立被选择的拆卸操作队列；

（8）根据式（4－16）和式（4－17）选择下一个路径节点 $j$，并不再将该拆卸操作的零件号计入搜索空间；

（9）通过式（4－18）对蚂蚁选择过的路径信息素进行局部更新，并转至步骤（6）；

（10）调用遗传算法，设置遗传算法中迭代次数 $G$ 初始值为1；

（11）若 $G > G_{max}$，则执行步骤（13）；

（12）将 $m$ 个蚂蚁此次周游得到的可行拆卸序列作为遗传算法的初始种群，进而针对该种群执行遗传操作，得到最优代价解，执行一次迭代后将遗传算法迭代次数变为 $G = G + 1$；

（13）根据遗传算法所得到的最优代价解的质量在其相应蚂蚁爬行路径释放相应的信息素，通过式（4－19）对该最优装配序列对应的路径信息素进行全局更新，则进行最优拆卸序列更新；

（14）清空每个蚂蚁构建的装配序列集合，循环次数 $NC$ 增加1，返回步骤（5）；

（15）输出最优或次优拆卸序列。

# 4.5 遗传蚁群序列规划实例

1.实例1

以第3章所用的箱体为实例1,见第3章的图3.6。

上一章中改进蚁群算法得到最优装配序列为:(1, $-Z$, T1) → (2, $-Z$, T1) → (4, $-Z$, T1) → (6, $-Z$, T1) → (5, $-Z$, T3) → (7, $-Z$, T1) → (3, $-Z$, T3) → (8, $-Z$, T3)。重定向次数为0,拆卸工具更改次数为3。

采用遗传算法得到的最优装配序列为:(1, $+Z$, T1) → (2, $+Z$, T1) → (4, $+Z$, T1) → (6, $+Z$, T1) → (7, $+Z$, T1) → (5, $-X$, T2) → (8, $-X$, T3) → (3, $-X$, T2)。该最优序列的重定向次数为1,拆卸工具更改次数为3。

遗传蚁群混合算法中的参数设置为:信息素的初始值 $\tau_0 = 1$,信息素挥发因子 $\mu = 0.1$,信息素总量 $Q = 1$,蚂蚁最大周游次数 $NC_{max} = 50$,$\alpha = 1.0$,$\beta = 0.8$,$\gamma = 0.5$,$\theta_1 = 0.6$,$\theta_2 = 0.4$;遗传算法最大迭代次数 $G_{max} = 30$,交叉概率 $P_c = 0.75$,变异概率 $P_m = 0.05$。

混合算法得到最优装配序列为:(1, $-Z$, T1) → (2, $-Z$, T1) → (4, $-Z$, T1) → (6, $-Z$, T1) → (5, $-Z$, T3) → (7, $-Z$, T1) → (3, $-Z$, T3) → (8, $-Z$, T3)。重定向次数为0,拆卸工具更改次数为3。

从实例1,遗传蚁群混合算法并未体现出比改进蚁群算法的优势,主要原因是箱体的零件数目较少,单纯地改进蚁群算法就已经寻找到了最优的装配序列。下面再选取零件数目较多的装配体作为实例,验证遗传蚁群混合算法求解装配序列规划的优势。

2.实例2

以某控制器装备作为遗传蚁群序列规划的实例,如图4.3所示。该控制器装备包括19个零件。

控制器零件的装配工具如表4.1所示,表中零件共需要6种装配工具,为T1～T6。

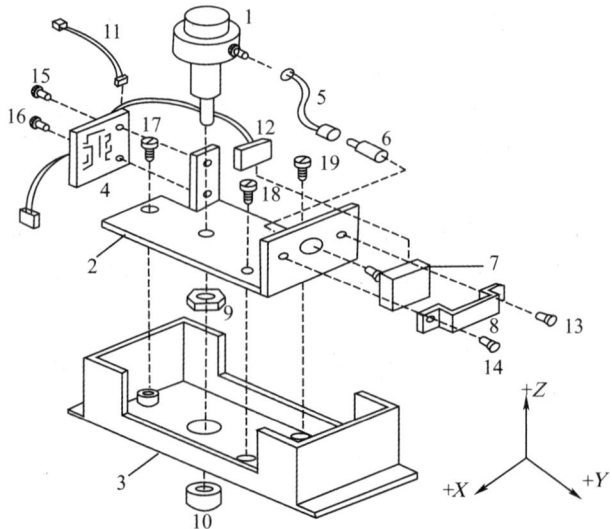

**图4.3 某控制器装备示意图**

表4.1 控制器零件的装配工具

| 零件名称 | 零件序号 | 对应的装配工具 |
|---|---|---|
| 电位器 | 1 | $T1,T4$ |
| 金属架 | 2 | $T1,T4$ |
| 塑料机座 | 3 | $T1,T4$ |
| PCB板 | 4 | $T1,T4$ |
| 套管 | 5 | $T1,T4$ |
| 适配螺母 | 6 | $T1,T3,T4$ |
| 传感器 | 7 | $T1,T4$ |
| 夹条 | 8 | $T1,T4$ |
| 螺母 | 9 | $T1,T3,T4$ |
| 旋钮 | 10 | $T1,T4,T6$ |
| 接地线 | 11 | $T2,T5$ |
| 连接器 | 12 | $T2,T5$ |
| 螺钉 | 13~19 | $T2,T3$ |

（1）改进蚁群算法求解控制器装备的最优装配序列

蚁群算法中参数设置：最大循环次数为100，信息素的初始值$\tau_0=1$，信息素挥发因子$\mu=0.1$，信息素总量$Q=1$，$\alpha=1.0$；$\beta=0.8$；$\gamma=0.5$，蚂蚁数目$m=8$，$\theta_1=0.6$，$\theta_2=0.4$。

由蚁群算法求得的装配序列结果如表4.2所示。

表4.2 蚁群算法输出的控制器装配序列

| 蚂蚁 | 输出的装配序列 | 重定向数 | 工具更换次数 |
|---|---|---|---|
| 7 | $(3,-Z,T1)(10,-Z,T1)(9,-Z,T1)(2,-Z,T1)(1,-Z,T1)(17,-Z,T2)(18,-Z,T2)$ $(19,-Z,T2)(4,-Z,T1)(8,-Y,T1)(7,-Y,T1)(12,-Z,T1)(5,-Z,T1)(11,+Y,T2)$ $(15,+Y,T2)(16,+Y,T2)(6,-Y,T1)(13,-Y,T3)(14,-Y,T3)$ | 4 | 5 |
| 2,6 | $(3,-Z,T1)(10,-Z,T1)(9,-Z,T1)(2,-Z,T1)(1,-Z,T1)(19,-Z,T2)(17,-Z,T2)$ $(18,-Z,T2)(4,-Z,T1)(8,-Y,T1)(7,-Y,T1)(12,-Z,T1)(5,-Z,T1)(11,+Y,T2)$ $(15,+Y,T2)(16,+Y,T2)(13,-Y,T3)(14,-Y,T3)(6,-Y,T1)$ | 4 | 5 |
| 1,3, 4,5, 8 | $(3,-Z,T1)(10,-Z,T1)(9,-Z,T1)(2,-Z,T1)(1,-Z,T1)(17,-Z,T2)(18,-Z,T2)$ $(19,-Z,T2)(4,-Z,T1)(8,-Y,T1)(7,-Y,T1)(12,-Z,T1)(5,-Z,T1)(6,-Y,T1)$ $(13,-Y,T3)(14,-Y,T3)(11,+Y,T2)(15,+Y,T2)(16,+Y,T2)$ | 3 | 4 |

（2）遗传蚁群混合算法求解控制器装备的最优装配序列

装配序列最低成本$F=0.6\times3+0.4\times4+1=4.4$，改进蚁群算法的收敛曲线如图4.4所示。

遗传蚁群混合算法中的参数设置为：信息素的初始值 $\tau_0=1$；信息素挥发因子 $\mu=0.1$，信息素总量 $Q=1$，蚂蚁最大周游次数 $NC_{max}=100$，$\alpha=1.0$，$\beta=0.8$，$\gamma=0.5$，$\theta_1=0.6$，$\theta_2=0.4$，遗传算法最大迭代次数 $G_{max}=30$，交叉概率 $P_c=0.75$，变异概率 $P_m=0.05$。

所求得的最优装配序列为：$(3,-Z,T1)$ $(10,-Z,T1)$ $(9,-Z,T1)$ $(2,-Z,T1)$ $(1,-Z,T1)$ $(17,-Z,T2)$ $(18,-Z,T2)$ $(19,-Z,T2)$ $(4,-Z,T1)$ $(8,-Y,T1)$ $(7,-Y,T1)$ $(12,-Y,T1)$ $(5,-Y,T1)$ $(6,-Y,T1)$ $(13,-Y,T3)$ $(14,-Y,T3)$ $(11,+Y,T2)$ $(15,+Y,T2)$ $(16,+Y,T2)$。其重定向次数为2，装配工具更改次数为4。装配序列最低成本 $F=0.6\times2+0.4\times4+1=3.8$，遗传蚁群算法的收敛曲线如图4.5所示，改进蚁群算法和遗传蚁群算法优化结果比较如表4.3所示。

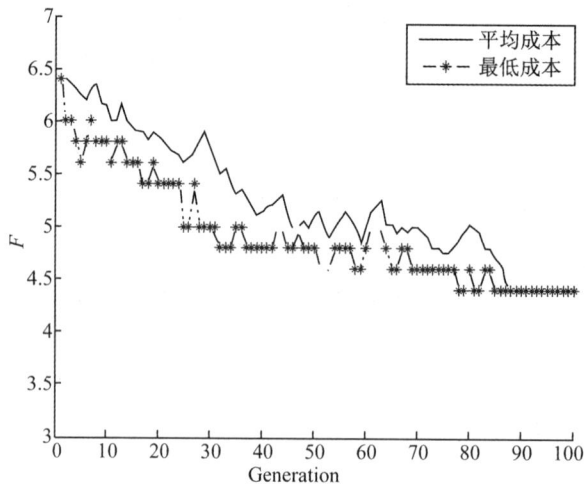

图 4.4　改进蚁群算法的收敛曲线

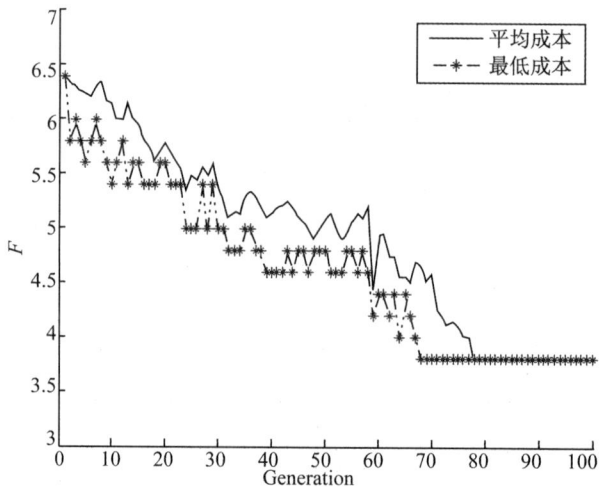

图 4.5　遗传蚁群算法的收敛曲线

表 4.3　改进蚁群算法和遗传蚁群算法优化结果比较

| 算法 | 改进蚁群算法 | 遗传蚁群算法 |
|---|---|---|
| 循环次数 | 100 | 100 |
| 重定向次数 | 3 | 2 |
| 工具改变次数 | 4 | 4 |
| 综合代价值 | 4.4 | 3.8 |
| 平均运行时间 | 8.79 s | 7.02 s |

通过实例验证可以得出，蚁群算法能够快速寻找到可行装配序列，但在最优路径上信息素积累的速度较慢，致使算法需要一定时间来搜索最优或次优装配序列。遗传蚁群算法可以较快地找到可行装配序列，且通过遗传算法对蚂蚁构建的可行装配序列进行全局优化，加速了最优路径上信息素的积累，使遗传蚁群算法求精能力明显提高，取得了装配序列求解速度和精度的双赢。

## 4.6 本 章 小 结

本章结合蚁群算法和遗传算法的优点，提出遗传蚁群混合算法进行装配序列求解，并以实例验证了遗传蚁群混合算法求解装配序列规划问题有更好的效果，主要表现在：遗传蚁群混合算法对初始种群的依赖性较弱，初始种群的可行性不会影响算法找到最优装配序列；遗传蚁群混合算法的收敛性较好，可以在较短时间找到最优装配序列。

# 第5章

## 遗传算法和栅格相结合的装配路径规划

装配路径规划是装配规划的另一个重要内容，完成了零部件的装配序列规划后进行装配路径规划，是为指定的装配体或零部件寻找合理、可行的装配路径。装配路径是装配体从工作台或传送带上移动到目标位置（指定装配位置）所经过的轨迹。研究装配路径规划的主要目的是保护零件，同时更快速、更有效地进行舱室装配。虚拟环境下的装配路径规划，使操作人员能在三维沉浸式环境下交互地对装配体进行试装，以建立和分析产品各零部件的装配路径[111-112]。

采用栅格表示装配体位置以及装配空间环境地图，将经典的A*算法和栅格相结合进行装配路径规划。A*算法在不复杂的装配空间可以搜索到可行的装配路径，较复杂的装配空间增加了A*算法代价函数的建模难度。于是，本章提出遗传算法和栅格相结合的装配路径规划，将栅格路径的序号作为遗传算法的编码，将遗传算法中适应度函数的选取转换为寻找最优栅格路径，并仿真验证了遗传算法与栅格相结合可以在复杂的装配环境下找到一条最优装配路径。

## 5.1 装配路径规划的现存问题

国内外研究路径规划的算法很多，如人工势场法、J函数法、单元分解法、A*算法、可视图法、C-空间等人工智能算法。但这些传统的算法在解决装配路径规划这类复杂非线性优化问题中缺乏足够的鲁棒性。学者们在这些典型算法的基础上不断改进，文献[113]研究了舱室装配路径规划最常用的A*算法，由于节点扩展方向和运动方向不一致，导致A*算法复杂度增加。提出了采用动态A*算法，通过坐标的变换，使节点扩展方向和运动方向一致，这样算法复杂度下降，但增加了代价函数的建模难度。近年来，很多学者用人工智能的方法来求解装配路径规划问题，取得了一定的效果，如神经网络、遗传算法等。文献[114]提出了基于区域分层模型的模拟退火算法求解全局路径规划问题，路径规划中的极小值问题依然没有得到解决。

基于上述分析，我们认为舱室装配领域中装配路径规划求解存在的主要问题包括：

（1）在解决复杂产品的装配时，计算和存储的复杂性程度大大提高，增加了代价函数的建模难度，降低了装配路径的搜索速度；

（2）由于装配空间狭小，路径规划中的极小值问题常常导致搜索算法不收敛，无法找到最优的装配路径。

## 5.2　A*算法结合栅格的装配路径规划

一个好的舱室装配路径规划算法，首先必须能够合理地表达装配空间，并最大程度地使用统一的空间结构模型。在舱室装配系统中，80%以上的零件是进行线性装配，95%以上的零件均在水平方向和竖直方向进行装配操作，故舱室装配空间的模拟考虑二维平面，三维的情况可以对装配空间模型进行扩展。本书采用大小均匀的栅格表示装配平面（空间）。

路径搜索采用 A*搜索算法，A*算法是经典的最优启发式搜索算法，是一种有序搜索，代价函数 $f^*(n) = h^*(n) + g^*(n)$ 作为算法的目标函数，其中，$h^*(n) = [s, n]$，$g^*(n) = [n, g]$；$n$ 代表算法在搜索过程中从扩展节点中锁定的一个路径节点，$s$ 代表装配起点，$g$ 代表目标终点，$h^*(n)$ 表示从装配起点 $s$ 到路径节点 $n$ 的路径函数，$g^*(n)$ 表示从路径节点 $n$ 到目标点 $g$ 的路径函数。对路径节点 $n$ 的评价：离目标点越近越好，离起点越远越好。A*在实际搜索过程中创建两个队列，Open 队列和 Close 队列。Open 队列用来存储搜索过程中待搜索的节点栅格，Close 队列用来存储搜索过的节点栅格。每一个迭代过程，A*算法从 OPEN 队列中寻找消耗最小的路径节点，并把该节点存入 CLOSED 队列中。

## 5.3　A*算法结合栅格的装配路径规划实验

算法测试的实验环境：基于 Windows XP 平台，在主流的 PC 平台上，CPU 为 Inter@Core(TM)2、3.00 GHz，内存为 2.0 GB。采用 C++结合 OpenGL 的函数库进行算法仿真。

栅格法将工作空间均分为 40×40 的小栅格，蓝点、黄点分别为当前装配体预定的安装路径的起点和目标点，白色栅格模拟已经安装的装配体（障碍），并且小栅格可以组成各种形状、大小的装配体，如图 5.1 所示。

绿色节点是 A*算法搜索过的栅格，浅绿色节点是规划得到的自由栅格，这些自由栅格所组成的路径即最优装配轨迹。

图 5.1 中，设置起点坐标（5，5），目标点坐标（25，25），设置 6 个障碍物坐标分别为（8，10）（10，10）（12，10）（18，20）（20，15）（24，20）。搜索范围栅格 101 个，最后得到了一条包含 22 个栅格的最优路径。

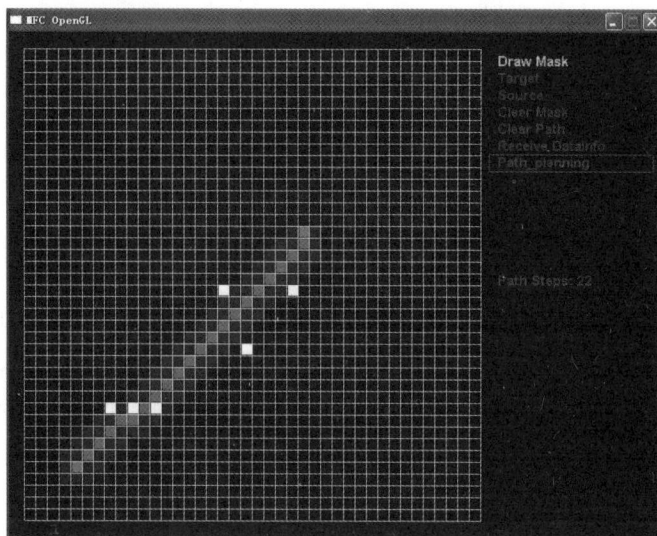

图 5.1　最优装配路径效果图

图 5.2 和图 5.3 给出了代价函数 $f^*(n) = h^*(n) + g^*(n)$ 中 $h^*(n)$ 和 $g^*(n)$ 与障碍物坐标之间的关系。

A* 启发式搜索算法在障碍简单的装配空间内,能够确保找到一条装配路径,搜索速度较快。在 A* 启发式搜索算法中,代价函数 $f(n)$ 表示从装配起点到路径中任意节点的费用。因此在路径搜索中每一个节点的扩展都需要对可行解进行评价,还要考虑扩展节点对后续到装配目标点路径的搜索。但在复杂的工作空间中搜索一条可行路径,增加了 A* 算法中代价函数的建模难度,也就增加了搜索的复杂度。于是,很多学者提出将遗传算法应用到装配路径规划领域中,生成并装配工艺规划路径。

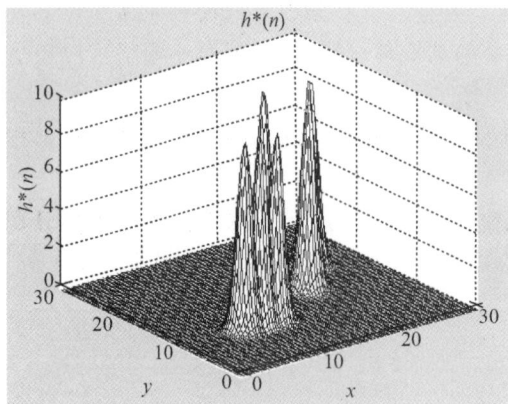

图 5.2　$h^*(n)$ 随障碍物位置的变换

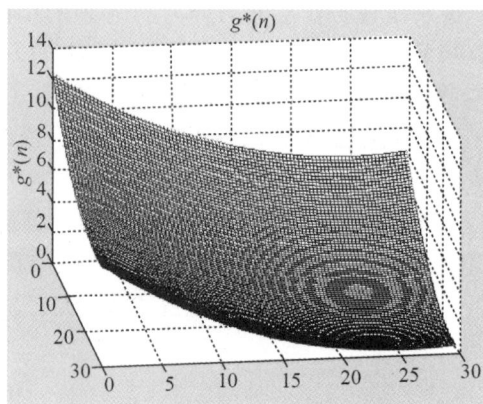

图 5.3　$g^*(n)$ 随障碍物位置的变换

# 5.4 遗传算法进行装配路径规划的改进

霍兰德（Holland）的遗传算法通常被称为"简单遗传算法"，简称 SGA，虽然遗传算法在许多优化、自适应等问题中有很多应用，但仍然存在收敛性较差的弊端。很多文献提出对遗传算法进行改进，归纳一下主要包括以下几个方面。

1.编码

传统的遗传算法编码采用二进制的编码格式，但二进制编码不能反映出问题的固有结构，且致使编码复杂，存在 Holland 悬崖的缺点。于是，陆续出现了动态编码、实数编码、自然数编码等方式。本书采用的栅格序号就是一种自然数编码方式。编码方式对问题的求解有较大影响，采用适合的编码方式使遗传算法稳定性变好，且较容易引入与问题相关的启发知识。

2.适应度函数

适应度函数是对种群中个体适应能力的一种度量，有效反映每一个个体与问题的最优解个体之间的差距。适应度函数选择合理则可以提高算法的优化性能，常用的适应度函数如线性变换、幂变换和指变换等。对于优化问题，适应度函数就转换为目标函数。适应度函数通常是用于求解极大值问题，但很多情况下的最优问题是求解最小值问题。此时，需要把极小值问题转换为标准形式，转换如下：

$$f(x)=\begin{cases} C_{\max} - G(x) & 当 C_{\max} > G(x) \\ 0 & 其他 \end{cases}$$

$$f(x)=\begin{cases} C_{\min} + G(x) & 当 C_{\min} + G(x) > 0 \\ 0 & 其他 \end{cases} \quad (5-1)$$

$$f(x)=\begin{cases} \dfrac{1}{1+G(x)} & 当 1 + G(x) \neq 0 \\ 0 & 其他 \end{cases}$$

式中，$f(x)$——适应度函数；

$G(x)$——目标函数；

$C_{\max}$——目标函数进化过程中的最大值；

$C_{\min}$——目标函数进化过程中的最小值。

3.控制参数

种群规模、交叉概率和变异概率等参数对遗传算法的性能有比较明显的影响。

对于传统的遗传算法初始种群是随机生成的，这样初始种群对问题的覆盖程度具有较大的不确定性，若初始种群中没有包括问题的最优解，而遗传子又不能在有限的迭代过程中扩展到最优解所在的区域上，则遗传算法过早收敛不可避免。保证种群的多样性是避免遗传算法过早收敛首先要解决的问题，通常采用动态群法，即当进化到一定代数后，通过群体进化的办法将现存种群中的 $N$ 个较差个体被随机产生的 $N$ 个个体代替。

并不是所有被选择的种群个体都要进行交叉和变异操作，而是以一定的概率进行，一般在交叉发生的概率要比变异发生的概率选取得大若干个数量级，交叉概率取 0.6 至 0.95 之间的值；变异概率取 0.001 至 0.01 之间的值。

4.综合改进

将模拟退火、免疫算法以及蚁群算法的思想引入遗传算法，用于复杂优化问题的求解。

根据对上述遗传算法改进的研究，并结合舱室装配路径规划的特点，本书对遗传算法装配路径规划做出如下改进：

（1）将栅格的空间划分方法引入遗传算法中，在编码方式上，将十进制的栅格序号作为遗传算法求解装配路径的动态编码，编码方式清晰简单、稳定性好且缩短了编码长度，提高遗传算法求解装配路径的计算效率；

（2）在随机产生初始种群的基础上，注入启发式方法，这样生成的初始种群可以提高遗传算法生成可行装配路径的效率，且能够科学合理地表达解空间信息；

（3）适应度函数直接选取目标函数，即装配路径函数。

## 5.5 遗传算法结合栅格的装配路径规划

基于遗传算法的装配路径规划已有很多方法，但是还不尽完善，需要进一步改进。Kazuo Sugibara 等[115]提出的基于遗传算法的装配路径规划方法，在实时变化、未知环境下取得了较好的路径规划结果，但是在编码过程中，采用了二进制定长编码方法，增加了个体长度，同时也增加了运算的复杂度。文献[116]提出了一种基于进化的装配路径规划方法，这种算法具有良好的全局搜索性能，但在搜索效率上没有明显的提高。文献[117]中在飞行器仪器舱布局上应用遗传算法进行路径规划，实现了布局规划的自动寻优。

在上述遗传算法的基础上，结合栅格法提出一种装配路径规划算法，该算法采用栅格表示装配体位置以及装配空间环境地图，将栅格路径的序号作为遗传算法的编码，将遗传算法中适应函数的选取转换为寻找最优的路径，保证了最终所得到的路径为最优装配路径。

### 5.5.1 装配空间模型的建立

为了模拟装配空间，需要对其建立模型来表示，假定装配是在固定的装配平台上完成，这里只考虑装配过程中工作空间的二维平面，三维的情况可以对装配空间模型进行扩展。以栅格的表达形式来建立舱室装配的工作空间模型，按照装配体及装配工作空间的大小来确定栅格的数目，以保证装配体可以在装配平台上无碰地完成最优安装。

用直角坐标法在装配工作空间中建立 $N$ 个大小相同的小栅格，将直角坐标同栅格序号按照一定的映射关系进行变换。

下面以 10×10 的栅格装配空间模型为例，如图5.4所示。

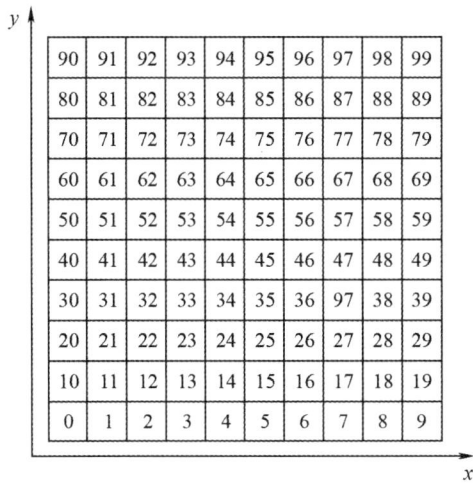

图5.4 栅格装配空间模型

用序号法对每个小栅格进行编号，其中每个编号 $p$ 都与其直角坐标一一对应，其映射关系为

$$p = w*y + x \tag{5-2}$$

式中 $w$——化分装配空间栅格的列数，图5.4中，$w=10$。

$x$ 和 $y$ 与 $p$ 的关系为

$$\begin{cases} x = \text{Mod}(p,10) \\ y = \text{Int}(p,10) \end{cases} \tag{5-3}$$

式中 Mod——取余操作；

Int——取整操作。

序号相比直角坐标表示装配空间模型更为节省内存，且表达简洁，利于遗传算子的操作。

## 5.5.2 最优装配路径的生成

1.编码

种群中的每一个体代表一条从起点到终点的装配路径，在装配体工作空间中产生一系列的装配路径，对每条装配路径进行编码。遗传算法很多采用二进制个体进行编码，但采用序号对遗传算法个体进行编码，种群个体长度比较短且直观，故我们在种群初始化时采用栅格的序号对种群中的个体进行编码。

2.种群初始化

种群个体的编码方式确定后，还需要给出个体的长度。对于基本遗传算法来说，初始种群是以随机方式产生的，这样种群产生简单，但使遗传算法搜索效率很低，尤其在复杂的舱室装配环境下，致使后面的遗传操作很难得到收敛解。

由于在舱室装配过程中，装配体从起点到目标点的装配路径长度是实时变化的，简

67

单遗传算法一般选择个体（装配路径）的最大长度作为初始种群中个体的长度。这里在随机产生初始种群的基础上，加入启发式方法，规定种群个体为装配体按照8个方向（即左上、左、左下、下、右下、右、右上、上）运动的规则约束下的最短装配路径。然后在这条装配路径上随机选择 $n$ 个栅格节点所构成的一条路径作为一个种群个体。这样大大减少了初始种群生成的盲目性，形成的初始种群进化效率明显高于随机生成的初始种群的进化率，且能够保证遗传算法的全局搜索能力。

**定义** 5.1 自由栅格：没有被装配体占用的栅格。

**定义** 5.2 非自由栅格：被装配体占用的栅格。

在这个搜索过程中，我们提出搜索半径为两个栅格。假设55是当前装配体现在所在的栅格，先要搜索与55相邻的8个方向，即64，54，44，45，46，56，66，65。当它搜索到第一个点64时，接着要搜索64周围的8个方向73，63，53，54，55，65，75，74，在初始化结束后，种群中已经不含有非自由栅格的序号。

3.适应度函数的确定

在简单的遗传算法中，适应度函数体现了个体的适应能力。通过适应度函数决定个体的优、劣程度，它体现了自然进化中的优胜劣汰原则[118]。对装配路径优化问题，适应度函数就是目标函数。

舱室装配过程中，最优装配路径要求满足在装配空间内能够进行无碰撞安装和装配路径最短，建立的适应度函数（fitness function）如下：

$$f=\left(1+\frac{1}{\sqrt{m-1}}\right)*l \quad (m\neq 1) \tag{5-4}$$

式中 $m$——个体（装配路径）中所包含的栅格数目；

$l$——个体（装配路径）的长度。

函数 $f$ 与装配路径长度 $l$ 成正比例，故此适应度函数以装配路径最短作为目标。经过几代迭代后，个体（装配路径）的数量逐渐增加，于是引入修正项 $\frac{1}{\sqrt{m-1}}$，主要是尽量消除遗传运算过程中产生的间断点相距太远的过短路径。

## 5.5.3 装配路径规划的遗传操作

1.选择操作

选择是用来确定交叉个体，以及被选中装配路径个体将产生多少个子代个体，选择操作是否合理将影响遗传算法的收敛速度。确定装配路径种群个体的起始和末尾基因：由于装配路径规划的任务是从明确的起点到目标点的运动。因此，可以将装配体的起点 $N_{start}$ 始终作为种群个体的第一个基因，目标点 $N_{goal}$ 始终作为种群个体的最后一个基因。这样可以缩小遗传算法的搜索空间[119]。

栅格路径个体采用比例的适应度选择方法，即利用个体适应概率进行优胜劣汰。设个体 $i$ 的适应度为 $f_i$，$M$ 为种群规模，则栅格路径个体被选择的概率可以表示成：

$$P_i = \frac{f_i}{\sum_{i=1}^{M} f_i} \tag{5-5}$$

2.交叉操作

交叉概率 $P_c$ 控制交叉的频率，$P_c$ 越大，则串更新速度越快。

交叉操作是结合父代信息产生新的个体。这里选择单点交叉，即任意选出两个子代个体，选择交叉点实行交叉操作，将整个装配路径分为两个路径段。交叉算子如图 5.5 所示。相互交换交叉点后面的路径段，用交叉后得到的子代代替原种群中的父代个体，从而建立一个新的装配路径种群，有利于扩大解空间的范围和最优装配路径的产生。

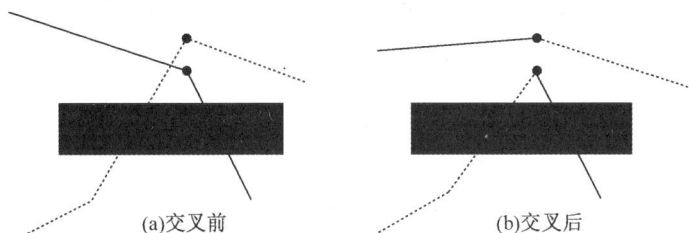

(a)交叉前          (b)交叉后

图 5.5    交叉算子

3.变异操作

变异概率 $P_m$ 控制微调的幅度。$P_m$ 过高等同于随机搜索，较小的 $P_m$ 即可防止装配路径群体的进化停滞。种群中子代个体的变异操作，可以理解为子代按小概率发生变化。在仿真过程中，采用从遗传个体中以一定的概率选择一个起始点和目标点之外的栅格序号作为变异点，变异操作是否合理将影响遗传算法寻优的速度[120]。

选择可行装配路径的一个中间转向点并进行高斯小范围变异，变异算子如图 5.6 所示。

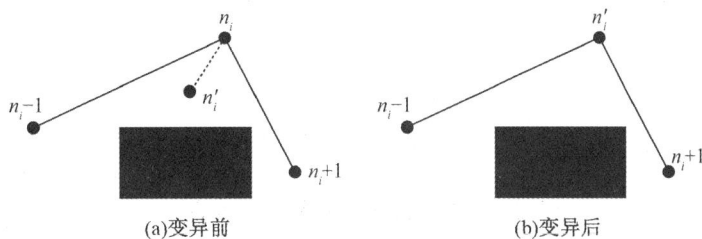

(a)变异前          (b)变异后

图 5.6    变异算子

设 $n_i$ 为可行路径的转向点，$n_i$ 的坐标为 $(x_i, y_i)$；$n_{i-1}$、$n_{i+1}$ 分别表示转向点 $n_i$ 的前一节点和后一节点，其坐标分别为 $(x_{i-1}, y_{i-1})$、$(x_{i+1}, y_{i+1})$；$n_i'$ 表示转向点 $n_i$ 变异得到的路径节点，其坐标为 $(x_i', y_i')$。则转向点 $n_i$ 的变异可以表示为

$$\begin{cases} x_i' = x_i + \lambda \times N(0, \delta_1) \\ y_i' = y_i + \lambda \times N(0, \delta_2) \end{cases} \tag{5-6}$$

式中，

$$\begin{cases} \delta_1 = |x_{i-1} - x_{i+1}| \\ \delta_2 = |y_{i-1} - y_{i+1}| \end{cases} \tag{5-7}$$

$\lambda$——随机数，一般 $\lambda \in \{-1, 1\}$；$N(0, \delta_1)$ 表示均值是 0、方差是 $\delta_1$ 的高斯分布随机数；

$N(0, \delta_2)$——均值是 0、方差是 $\delta_2$ 的高斯分布随机数。

## 5.5.4 遗传算法和栅格相结合的装配路径规划流程

总结上述的研究和分析，图 5.7 给出了遗传算法结合栅格进行装配路径规划的流程。

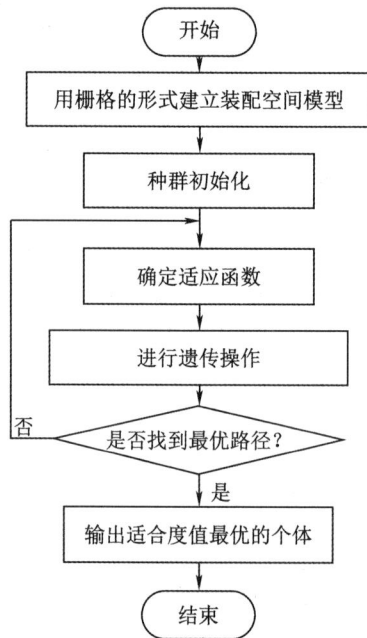

**图 5.7　装配路径规划算法流程图**

## 5.5.5 遗传算法结合栅格的装配路径规划实验

装配路径规划算法测试的实验环境：基于 Windows XP 平台，在主流的 PC 平台上，CPU 为 Inter@Core(TM)2、3.00 GHz，内存为 2.0 GB。采用 VC++ 进行算法仿真。

栅格将装配的工作空间均分为 $10 \times 15$ 的小栅格，采用栅格十进制序号对初始种群进行遗传编码，其映射关系为：$p = 15*y + x$，取交叉概率 $P_c = 0.7$，变异概率 $P_m = 0.005$，最大进化代数取 50。在复杂的舱室装配空间中，黑色栅格模拟已经安装的装配体（障碍），装配路径起点作为第一代基因，故起点和目标点同遗传基因一样用灰色栅格表示。设置起点坐标（1，10），目标点坐标（15，3）。图5.8给出了选取的遗传算法迭代搜索最优装配路径的过程，迭代到33代，遗传算法收敛。

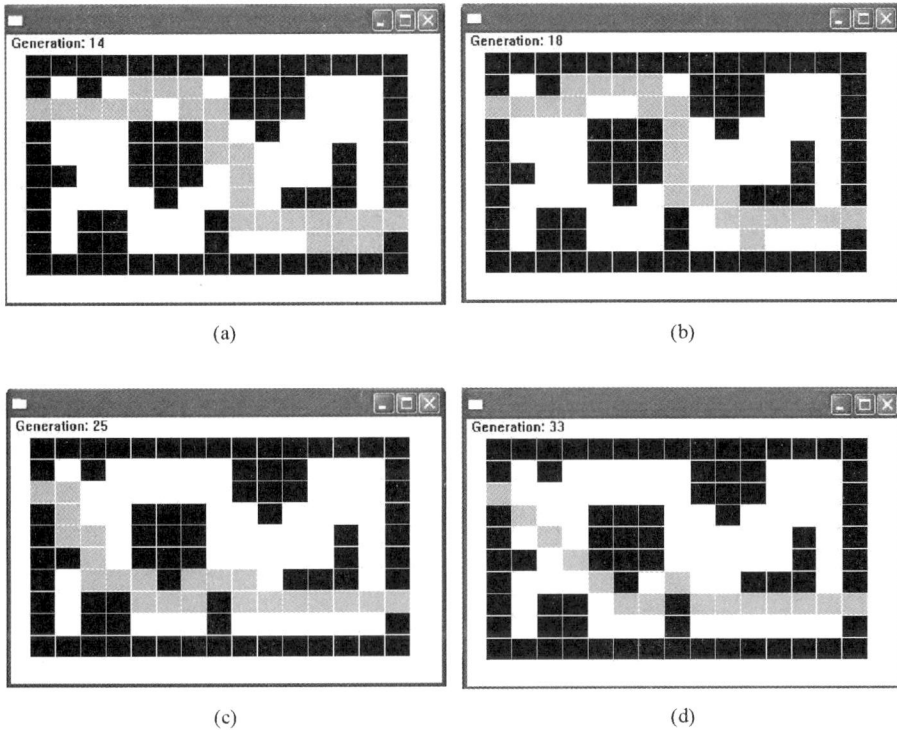

图5.8 遗传算法搜索最优装配路径过程图

图5.8（a）中，迭代到14代，装配路径为25个栅格，适应度值 $f = 30.1$；图5.8（b）中，迭代到18代，装配路径为23个栅格，适应度值 $f = 27.9$；图5.8（c）中，迭代到25代，装配路径为22个栅格，适应度值 $f = 26.8$；图5.8（d）中，迭代到33代，装配路径为17个栅格，适应度值 $f = 21.3$，此时算法收敛，寻找到一条最优路径。

从遗传算法搜索最优装配路径过程图可以看到，在复杂的装配空间环境下，算法可以获得一条最优路径，且搜索速度较快，搜索时间在4 s左右。同时，该算法可以有效避免传统算法的局部极小值问题，通常也把这种情况称为墙角问题或极限环问题（limit cycle problem）。

从图5.9可以得到：遗传算法的适应度函数与搜索到的栅格路径近似成正比，这样适应度函数的选取为目标函数使遗传算法收敛速度较快。从图5.10可以看出，当遗传算法迭代到33代的时候，栅格路径长度为17，算法收敛，寻找到一条最优装配路径。

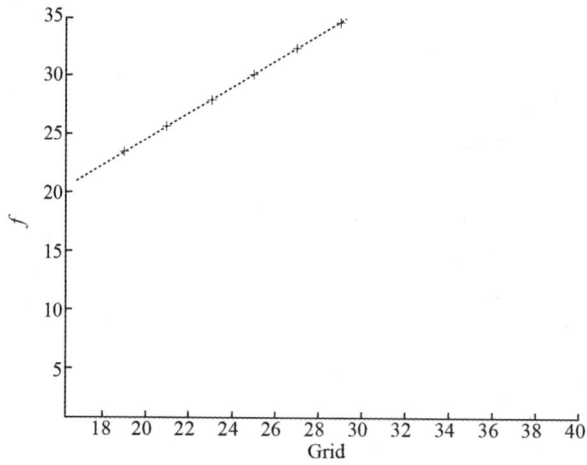

图5.9　适应度函数和栅格路径的关系

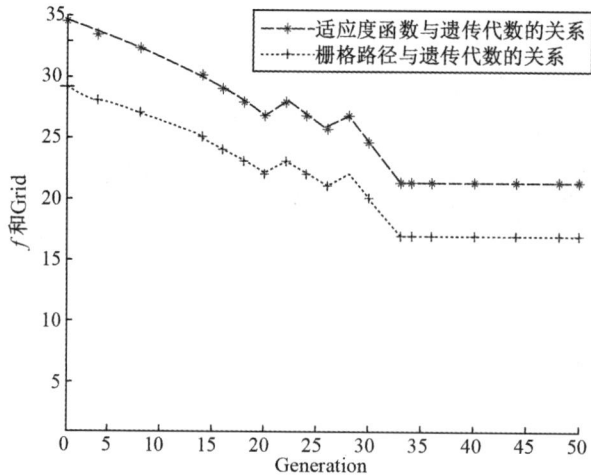

图5.10　适应度函数、栅格路径与遗传代数的关系

# 5.6 遗传算法与 A* 算法的比较

遗传算法应用于路径规划等优化问题求解时，与 A* 算法都属于启发式随机搜索。遗传算法较 A* 算法的优势主要在于：

（1）遗传算法不单纯直接搜索装配空间中所有可行的装配路径，且能够利用已经得到的装配路径信息去逼近最短装配路径的求解，即能够利用已经得到的解去逼近当前局部最优解。A* 算法只能够选择一定数量的装配路径然后进行寻优而不存在逼近寻优；

（2）A* 算法代价函数的构造随着搜索空间的复杂度增加而变得繁琐，而搜索空间的复杂度对遗传算法中的代价函数影响较小；

（3）遗传算法从一个群体出发进行寻优，可以实现全局和局部的搜索。

## 5.7 本 章 小 结

本章研究了 A* 算法和栅格相结合装配路径规划，仿真效果表明在不太复杂的装配空间内可以得到一条较好的装配路径。但在复杂的工作空间中搜索一条可行路径，增加了代价函数的建模难度。针对复杂的工作空间，提出了遗传算法和栅格相结合的装配路径规划，并仿真验证了该算法可以在复杂的装配环境下找到一条最优装配路径。

# 第 **6** 章

## 针对虚拟装配规划的碰撞干涉检测技术

碰撞干涉检测是虚拟现实技术的基础，也是进行虚拟装配的前提，没有碰撞干涉检测的虚拟装配就失去了验证装配可行性的意义。在机器人技术中碰撞干涉检测的主要目的是在一些障碍物之间规划出无干涉的路径，这与虚拟装配中的要求不同。碰撞干涉检测对虚拟装配系统有着特别重要的意义。

### 6.1 碰撞干涉检测技术

当两个零件发生接触时，它们应该按照设计的关系进行装配，而不应该无端发生一个零件穿入另一个零件的现象。若实现这一功能，装配系统需要实时地、精确地判断虚拟物体之间是否发生碰撞干涉检测。在虚拟装配中，装配体的运动受到动态约束物和外力约束，一般不能表示成时间的封闭函数。而在计算几何学中，则着重于在理论上研究高效的物体相交检测算法，绝大多数算法被限制在静态场合中，很难应用到实际。这些算法都没有充分研究在虚拟装配环境中的碰撞干涉检测，干涉检测要求在人机交互要求的速度下能完成数以千计的装配体特征之间的成对检测。

从时间域的角度进行划分，碰撞干涉检测算法通常可以分为静态干涉检测算法、离散干涉检测算法和连续干涉检测算法三大类。静态干涉检测算法是指当场景中物体在整个时间轴 $t$ 上都不发生变化时，用来检测在这个静止状态中各物体之间是否发生干涉的算法；离散干涉检测算法则是指在时间轴的每个离散点 $T_0$，$T_1$，…… 上不断地检测场景中所有物体之间是否发生干涉的算法。而连续干涉检测算法是指在一个连续的时间间隔 $[T_0,$ $T_n]$ 内，判断运动物体是否与其他物体相交的算法。静态干涉检测问题一般没有实时性的要求，在计算几何中有着广泛的研究；连续干涉检测算法的研究一般都考虑四维时空问题或结构空间精确的建模，但通常计算速度比较慢，尤其是在大规模场景中无法实现实时地干涉检测；而离散干涉检测算法检测有关于时间点和运动参数之间的信息，并通过开发时空相关性获得较好的性能。目前，虚拟装配环境中的干涉检测算法一般采用离散干涉检测算法。本文提出的干涉检测算法运行在虚拟装配的环境下属于离散干涉检测算法。即通过装配过程中零件的移动，将每一个位置设置为采样点，进行采样，然后进行干涉检测。

多数碰撞干涉检测算法基于如下两类假定：

（1）几何假定。例如，碰撞干涉测试仅限于凸形物体和在干涉检测中不需要物体拓扑形状信息的应用（即物体被当作多边形对待）。

（2）运动假定。例如，物体的位置和速度都是预先知道的。

1.解析方法

这类方法中最常用的是基于势场的方法。物体被带有排斥性的矢量场包围，物体周围矢量场的影响范围是在生成排斥场之前先确定下来，排斥场的建立过程是将每一个物体包围起来并在包围盒和物体之间留有一定的安全空间。排斥场向量建立在包围空间内，并指定为阻止穿过物体的方向。由于碰撞干涉过程使用物体的包围盒来代表物体，因此该方法并不适用于高精度的碰撞干涉。

另一种基于区间运算（interval arithmetic）和递归分解（recursive subdivision）的技术也比较常见。仿真环境被表示为点元的集合，这种表示法利用各种算子（如交、并）将复杂的物体模型转化为简单体元的组合体。根据空间一点是否被多于一个物体所占据，可以确定是否发生了物体碰撞干涉。这种方法能够识别并细化那些发生潜在碰撞干涉的区域，但要先知道物体的运动，故该方法不适用于需要交互的虚拟装配领域。另一种方法假设连续画面之间存在高度的几何相关性，判断两个物体之间是否发生了碰撞干涉是基于是否存在于一个分隔面，使得这两个物体分别处于分隔面的半空间。这个判断过程中，用到接触力模型和特征函数（表示为时间的函数）。特征函数用于测量距离，而对时间的一阶导数用于测量物体相互接近的相对速度。该方法的最大局限性在于它只能应用于凸物体，且在目前的交互式虚拟装配中更不适用。

2.几何方法

解析方法中将碰撞干涉检测作为一个动态问题，假定预先知道物体的位置和速度信息；而几何算法则将碰撞干涉检测作为一个静态问题来处理，即针对运动序列中的一个场景，在分析过程中认为物体是静止不动的。一旦物体静止，便可以使用各种基于计算几何的方法来检测物体之间的碰撞干涉。就几何方法本身而言不需要物体的运动信息，但为了克服在碰撞干涉检测建模中的缺点，很多算法还是采用了运动预测的概念。大多数几何方法主要有两方面的缺点：（1）固定时间步长缺点，由于几何方法是在相等的时间间隔内进行碰撞干涉检测，在此时间间隔内可能会发生碰撞干涉，因此在这种极端的情况下，有些碰撞干涉可能检测不到；（2）全部配对缺点，由于没有任何关于此刻和下一时刻物体位置的假定，因此物体表面每个部分（特征）与其他物体特征发生碰撞干涉的机会是相等的。因此必须对分别来自相互接近的两个物体的每一对特征进行检查。显然包含全部配对检测的算法会导致平方增长的复杂度$[O(n^2)]$。

常见的几何方法如空间分割法，通常以空间分割二叉树（BSP-tree）、基于八叉树空间分割的概念来提高碰撞干涉检测的效率。空间分割法的共同缺点是速度并不令人满意。于是出现了层次包围盒方法作为空间分割法的改进，理想的包围盒是凸包，但计算开销很大，不能满足实时计算的需求。

# 6.2 虚拟物体算法

目前虚拟装配系统中的模型大多采用三角形面片结构存储，碰撞干涉检测也是根据该存储结构进行，该结构的碰撞干涉检测只能精确到三角形面片，而三角形面片模型仅是对物体一种近似，这种近似能够满足视觉显示的需要，但不能满足精确碰撞干涉检测的需要。例如，圆柱孔中插入等半径的圆柱轴时，会检测到轴孔之间发生干涉(原因是多边形表达中圆柱面已近似地表达为棱柱面)，这就导致等半径的轴孔在虚拟装配环境中无法进行装配。因此，基于虚拟装配的碰撞干涉检测不仅要能实时、精确地判断虚拟物体间是否发生碰撞干涉，同时还要对实际发生碰撞干涉的区域，进行精确的剔除。

基于几何约束配合关系的精确碰撞干涉检测可以达到面片级别的碰撞干涉检测，但没有提供缺少几何约束配合关系的条件下如何进行碰撞干涉检测。虚拟装配过程中没有几何约束配合关系相碰的情况也可能发生，例如在舱室装配过程中一个零件路过一个狭窄的通路，零件的表面与通路刚好贴合，但该零件和通路上的零件没有组合关系，这样有可能造成该零件无法通过的情况。由于还没有发现任何潜在的通用技术能适用于虚拟装配中各种复杂的碰撞干涉检测问题，而且数据集合的多样性（如具有锋利边缘、孔的模型），而这些对装配工艺都很重要。因此必须寻找适用于虚拟装配领域的碰撞干涉检测方法。

针对虚拟装配的碰撞干涉检测的主要思想是：建立与特定场景物体相关联的虚拟物体（virtual object，VO），然后在虚拟物体之间而不是在原始场景之间进行碰撞干涉检测，可以将虚拟物体看作是具体场景物体的代表。这个方法的原理是：对碰撞干涉检测来说，并不是每一个特征（面、边或顶点）都值得注意，大多数特征对虚拟装配并不重要，所以碰撞干涉检测不必关心它们。另外，有些装配体特征之间从来不会碰到，于是碰撞干涉检测的目标就很明确了——将备选的特征封装进虚拟物体。

本章针对虚拟装配中经常遇到的一类非凸物体提出一种方法，快速生成其对应的凸形物体，并能应用于已有的碰撞干涉检测方法。该方法是非凸物体分解问题的一个替代方案，适用于交互仿真和动画应用。

**定义6.1** 三维多面体为由有限个相互连接的面、线和点的特征所组成的集合。

**定义6.2** 流形多面体 $P$ 是一个表面 $\delta P$ 为二维流形多面体，即假设 $\delta P$ 上的每一个点都有一个与其处于同半球的 $\xi$ 领域。当多面体没有任何两个面仅有一个公共顶点时，称此多面体为简单多面体。当多面体包含 $n$ 个孔（柄）时，称此多面体有 $n$ 重亏格。当一个流形多面体的两个面所形成的二面角（内角）为优角（超过 $\pi$ 弧度）时，其所在棱被称为槽。当流形多面体含有至少一个槽时，则称其为非凸多面体。

**定义6.3** 令 $P$ 为任意亏格的简单多面体，$\delta P$ 是它的一个表面，则 $P$ 的补丁定义为一个多边形网格，为 $\delta P$ 的子集。

**定义6.4** 补丁的顶点分为两大主类：简单顶点和边界顶点；两大副类：内边顶点与拐角顶点。如果一个顶点被一圈多边形围绕，则称该顶点为简单顶点。位于补丁边界的称为边界顶点。

虚拟物体算法的输入包括一系列在CAD环境内（如ProEngineer）生成的三角形网格，其输入也可以在虚拟环境中交互生成。当输入确定以后，算法包括：

（1）去除那些由对局部几何形状和拓扑结构没有实际影响的相关表面（三角形）构成的二面角；

（2）消除孔；

（3）沿着槽分解网格，并将非凸网格修补成凸的；

（4）创建虚拟物体，该方法用于那些完整定义的尖边和尖角的物体。虚拟物体算法流程如图6.1所示。

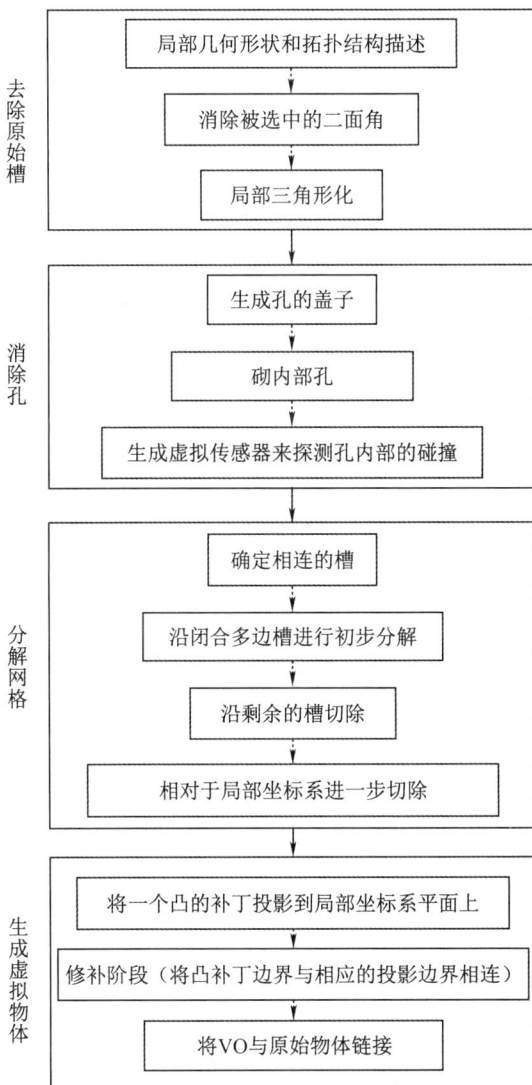

**图6.1 虚拟物体算法流程**

## 6.2.1 去除原始槽

第一步是去除那些对局部拓扑结构影响不大且面积很小的孤立槽，由于算法最终生成的虚拟物体数量取决于槽的数量，去除那些无关紧要的槽对于减少虚拟物体的数量和简化后续计算都非常有意义。导致这些槽出现在数据中的因素主要包括：（1）不正确的CAD模型，由于CAD工具包带有高分辨率可视工具，错误比较容易发现；（2）CAD软件三角化模块错误。需要去除的槽确定后，就在数据库中对其进行适当标记，并在后续的过程中不进行考虑。只需要可视化没有标记的物体，必须要重新进行局部三角化以保证网格的连续性。

## 6.2.2 消除孔

第二步的目的仍然是消除一定数量的槽，以减少虚拟物体的数量。因为孔是槽堆积的来源，因此目标就是分离槽堆积区域，并在局部对它们进行处理。首先确定与孔有关的网格部分，确定出所有与至少一个槽相连的内部顶点。

确定了这些顶点后，就要确定这些顶点对应的孔的开口，孔的开口可以看作是满足下面两个条件的闭合的边：（1）边上的每一个顶点都是至少与一个槽相连的内部顶点；（2）边上的每一条边所对应的二面角都是特征角。

此外，还需要识别属于孔底的顶点，以识别出盲孔，我们把与至少三个槽相连的顶点划分为孔底顶点。底部顶点确定后，寻找与孔底相关的一组边，该边上的所有顶点都至少与三个槽相关，且孔底的所有边均为槽。在孔开口和底部边回路之间寻找相应的网格，以便确定对应孔的网格区域。这两个边回路配成对，使一个回路上的每一个顶点都与另一回路上的顶点相连，其中至少有一个连接边为槽。

下一步是将孔的网格沿着槽和内部边分解成凸补丁，建立一组贴片，使每一个补丁依赖于一个贴片并且覆盖孔的内部。由于原来的物体是作为一个没有孔的物体放入虚拟装配的场景中，需要将孔进行修补。若孔的开口已被覆盖或者被贴片贴满，则无法对孔的内部进行碰撞干涉检测。为了探测转配体孔内的碰撞干涉问题，采用虚拟传感器的方法。虚拟传感器形状尽量与孔的覆盖物相同，可以看作是一个想象中的孔盖。对其实施碰撞干涉检测可以用来触发对它所覆盖的孔的碰撞干涉检测进程。传感器的外表面覆盖在孔盖上，接近的物体会首先碰到传感器。一旦检测到接近物体和传感器之间发生碰撞干涉检测，则停止接近物体和碰撞检测物之间的干涉检测，而访问孔的内部。

## 6.2.3 分解网格

（1）确定相连的槽：寻找几何上相连的槽，每一组槽从几何角度上讲都是由封闭槽链表示的。将网格沿着边链分解，这样每条边链产生两个网格。

（2）沿闭合多边槽进行初步分解：将这两个网格打开的部分补缀上，这点针对装配过程中常见的具有凸出特征的物体非常有效。下一步是沿着剩下的槽切掉相关网格。

（3）沿剩余的槽切除：确认由网格分解所产生的补丁都是凸补丁。为每个含有剩余槽相邻面的网格建立局部坐标系（local coordinate system，LCS），使LCS的$XY$平面初始时与主控面垂直。主控平面方向根据式（6-1）确定。

$$f = \sum_{i=1}^{m} A_i n_i \Big/ \sum_{i=1}^{m} A_i n_i \tag{6-1}$$

式中　m——网格中平面的个数；

　　　$n_i$——平面的法向量；

　　　$A_i$——平面的面积。

此外，没有平面与$Y$轴垂直，且没有边与$X$轴垂直，这些约束可以通过旋转LCS实现。

（4）相对于LCS进一步切除：当LCS姿态定好后，可以沿其相关顶点相对于$Y$轴为极点的边进一步切除。

## 6.2.4 生成虚拟物体

先将补丁投影到相应的$XY$平面上，如图6.2所示。在分解网格阶段已保证了每一个补丁在$XY$平面上形成一个凸的多边形。采用将位于补丁边界的顶点与位于补丁边界投影上相应的点相连接方法来生成虚拟物体，将这些围栏和投影都进行三角化后，就可以实现将生成的VO加入虚拟装配的场景中，图6.3给出了创建的虚拟物体的线框表示。

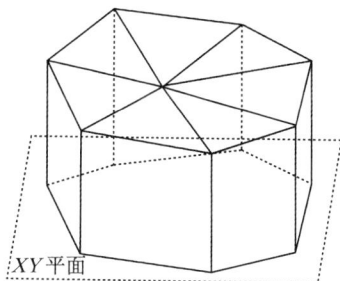

图6.2　补丁向$XY$平面的投影

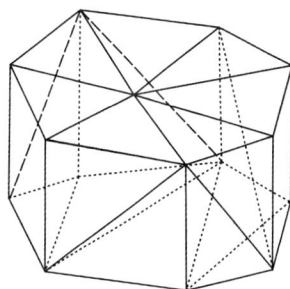

图6.3　虚拟物体的三角化

当所有VO生成之后，需要明确指定虚拟物体的层次结构体系和场景的层次结构体系。物体的层次结构体系包括初始分解得到的子物体和对子物体边界进一步分解得到的VO，图6.4显示了一个装配体的层次结构体系。

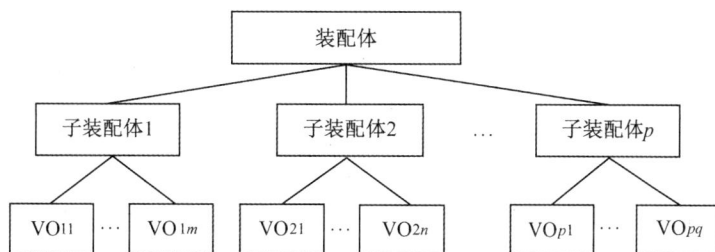

图6.4　装配体的层次结构体系

## 6.2.5 算法测试过程

将虚拟物体算法结合到经典的自定义相交矢量方法进行实验。

1.自定义相交矢量算法

实时性和精确性是干涉检测的两个重要约束条件。就实时性而言，干涉检测的速度至少要达到24 Hz；精确性则要根据具体要求而定，精确性越高要求软硬件的性能越高，我们设计的虚拟装配系统允许1.2 cm的误差。

目前Vega提供的用于碰撞干涉检测的算法有以下几种：Z、HAT、LOS、BUMP、XYZPR、VOLUME等，但是由于本系统的实时性和精确性的要求，以上算法无法满足本装配系统的需求，经过比较和选择，选用自定义相交矢量来试验算法，在干涉检测过程中，将多个相交矢量附着在生成的虚拟物体上，和虚拟物体一起运动。创建6个干涉矢量，初始化6个不同方向的干涉矢量Isector，代表了6个检测方向，这6个干涉矢量构成了一个CIsector对象，设置CIsector对象的坐标。在发生干涉后，发生干涉的相交矢量的颜色发生改变(如，由红色变成绿色)，同时零件模型在干涉位置停止运动，然后重新选择运动方向继续控制模型向预定的运动目标位置运动，同时由系统记录路径信息。具体的描述如下：

（1）在Creator中导入装配体模型，进行装配关系的约束分析，在模型上创建一些DOF节点，这些点代表该模型在装配过程中最有可能干涉的位置。

（2）在程序中定义一个Player。

（3）将相交矢量Isector视为大量重复使用的资源，采用池缓冲技术，在初始化阶段构造相交矢量池，使用时通过向矢量池申请矢量，来代替向系统申请资源，当矢量利用完后使用权交还给矢量池以备下次使用。

（4）从相交矢量池中取出6个相交矢量Isector，代表6个自由度的检测方向，这6个相交矢量构成了一个CIsector对象。

（5）绑定Isector到Player上，用Player的坐标来替代Isector的坐标，通过改变Player的坐标改变Isector的坐标。

（6）读取在Creator中创建DOF节点的位置坐标。根据DOF节点的个数向Isector池申请资源，构成相应个数的CIsector对象，将获取的DOF节点位置坐标赋给Player，这样DOF节点上都附着了一个CIsector对象。

（7）操作装配体模型运动时，实时获得装配体模型的操作信息，根据操作信息，首先改变Player位置坐标，从而改变相交矢量Isector的位置坐标。判断Isector是否有碰撞干涉，若有则装配体模型停止运动；若没有碰撞干涉则根据操作信息改变装配体模型的位置坐标，即相交矢量先动，模型后动。

（8）当装配体模型到达目标位置时，将Isector归还到池中。

## 6.2.6 算法测试结果

实验环境的实现均是基于Windows平台，在主流的PC平台上，分辨率为

1 024×768。

假设每个装配体都表示成CAD数据形式，所以三角化在CAD环境中完成，用我们自主研发的通用虚拟装配平台来实施仿真。输入为有界网格，每一个网格都包含装配体的特征（面、边、顶点），仿真目标包括对这些网格进行碰撞干涉检测。

将虚拟物体算法结合到经典的自定义相交矢量方法进行实验，在碰撞干涉检测过程中，将多个相交矢量附着在生成的VO上，和VO一起运动。对每个VO创建6个干涉矢量，初始化6个不同方向的干涉矢量Isector，代表了6个检测方向，这六个干涉矢量构成了一个CIsector对象，设置CIsector对象的坐标。在发生干涉后，发生干涉的相交矢量的颜色发生改变(如，由红色变成绿色)，同时零件模型在干涉位置停止运动，然后重新选择运动方向继续控制模型向预定的运动目标位置运动，同时由系统记录路径信息。

为了验证虚拟物体方法的效率，用2个常用的装配体轮毂（400个点，700个面）和吊钩（553个点，948个面）测试其性能。实验中的装配体如图6.5所示。将干涉矢量Isector分别附着在装配体上和生成的三角化虚拟物体上进行比较，干涉检测速度比较如图6.6所示。从图6.6可以看出：当虚拟物体个数增加时，干涉检测时间延长。而当虚拟物体个数较多时，生成虚拟物体所带来的效益明显高于其引入的计算开销，即对复杂装配体而言引入虚拟物体进行干涉检测的所花费的时间明显减少，所以在复杂场景中能够表现出较高的效率，提高了虚拟装配的实时性。

图 6.5　实验中的装配体　　　　　　图 6.6　实验结果对比

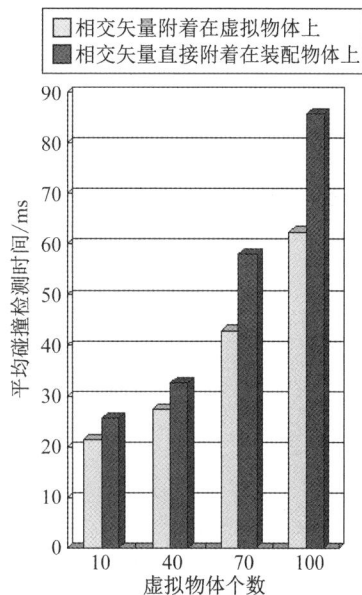

# 6.3 基于相对位置的碰撞干涉剔除

碰撞干涉检测是验证装配可行性的重要环节，是进行无碰装配规划的前提，同时碰撞干涉检测可以增强舱室装配规划系统的真实感和沉浸感。在有装配约束关系的装配体之间产生干涉的情况下,将干涉的区域进行剔除,以使装配规划正常进行。

装配体 $A_1$ 和 $A_2$ 进行面片级干涉检测,一旦检测出有干涉发生,则进行基于相对位置的干涉区域剔除,具体过程为:先将装配体 $A_1$ 和 $A_2$ 的初始位置变换到其中任意一个装配体的局部坐标系位置;然后将转换后的当前位置和原始位置比较,如果二者的差值在预定的阈值范围内,则装配体 $A_1$ 和 $A_2$ 之间进行基于相对位置的干涉剔除。由装配体的当前位置、移动方向、相对位置之间的约束关系来约束装配体的位置变换,从而完成装配体的安装。

## 6.3.1 局部坐标系与世界坐标系转换

在如图6.7所示的世界坐标系 $OXYZ$ 中,局部坐标系到世界坐标系的坐标变换矩阵[131]:

$$M_{XYZ \to uvw} = G_Z(\theta) \cdot G_Y(\vartheta) \cdot G_X(\varphi) \cdot T(-V_X, -V_Y, -V_Z) \tag{6-2}$$

式中    $T(-V_X, -V_Y, -V_Z)$——装配体 $A$ 从局部坐标系的坐标原点到世界坐标系的坐标原点 $O$ 到所作的变换;

$G_X(\varphi)$——绕 $X$ 轴旋转 $\varphi$,(°);

$G_Y(\vartheta)$——绕 $Y$ 轴旋转 $\vartheta$,(°);

$G_Z(\theta)$——绕 $Z$ 轴旋转 $\theta$,(°)。

将 $G_Z(\theta) \cdot G_Y(\vartheta) \cdot G_X(\varphi)$ 记为 $G$,则式(6-2)为

$M_{XYZ \to uvw} = G \cdot T(-V_X, -V_Y, -V_Z)$,即

$$M_{XYZ \to uvw} = \begin{bmatrix} u_X & u_Y & u_Z & 0 \\ v_X & v_Y & v_Z & 0 \\ w_X & w_Y & w_Z & 0 \\ 0 & 0 & 0 & 1 \end{bmatrix} \cdot \begin{bmatrix} 1 & 0 & 0 & -V_X \\ 0 & 1 & 0 & -V_Y \\ 0 & 0 & 1 & -V_Z \\ 0 & 0 & 0 & 1 \end{bmatrix} \tag{6-3}$$

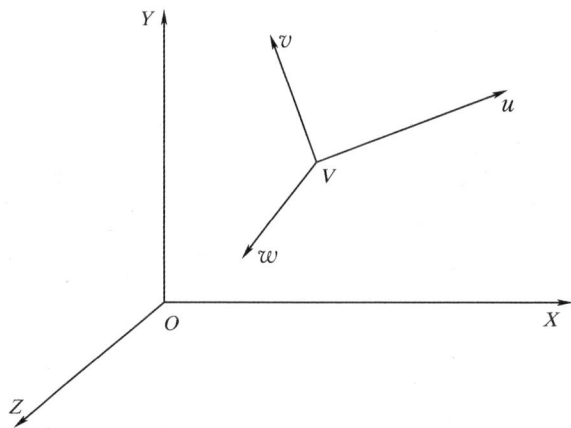

图6.7　局部坐标系与世界坐标系

## 6.3.2 确定碰撞干涉的相对位置及约束关系

设装配体 $A_1$ 和 $A_2$ 之间有装配约束，出现干涉区域的起始位置和终止位置分别为 $P, Q$。装配体 $A_1$ 和装配体 $A_2$ 在 $A_2$ 的局部坐标系中起始位置 $P$ 的坐标表示为 $(P_X, P_Y, P_Z)$，方位表示为 $(P_\varphi, P_\vartheta, P_\theta)$，则装配体 $A_1$ 在 $P$ 处可以表示为 $P = (P_X, P_Y, P_Z, P_\varphi, P_\vartheta, P_\theta)$，约束可以表示为 $t = (P_{tX}, P_{tY}, P_{tZ}, P_{t\varphi}, P_{t\vartheta}, P_{t\theta})$，元素的值为 0 表示不受约束，值为 1 表示受约束。

在终止位置 $Q$，装配体 $A_1$ 坐标表示为 $(Q_X, Q_Y, Q_Z)$、方位表示为 $(Q_\varphi, Q_\vartheta, Q_\theta)$，则装配体 $A_1$ 在 $Q$ 处可以表示为 $Q = (Q_X, Q_Y, Q_Z, Q_\varphi, Q_\vartheta, Q_\theta)$，约束可以表示为 $r = (P_{rX}, P_{rY}, P_{rZ}, P_{r\varphi}, P_{r\vartheta}, P_{r\theta})$，元素的值为 0 表示不受约束，值为 1 表示受约束。

从起始位置到终止位置的运动过程中，装配约束关系可以表示为 $S = (S_{tX}, S_{tY}, S_{tZ}, S_{t\varphi}, S_{t\vartheta}, S_{t\theta})$，这里的 $(S_{tX}, S_{tY}, S_{tZ}, S_{t\varphi}, S_{t\vartheta}, S_{t\theta})$ 对装配体 $A_1$ 的坐标和方位进行了约束。不受约束的项 $\lambda$ 就可以通过对 $S|r$ 取反获得，设 $\lambda$ 取反表示为 $\rho$，则 $\rho = \bar{\lambda}$，$\rho$ 中元素值等于 1，表示非约束项，在舱室装配过程不受约束可以自由移动。

将装配体的位置变化 $Q - P$ 单位化表示为 $i$，装配方向 $o = i \cdot S = (i_X \cdot S_{tX}, i_Y \cdot S_{tY}, i_Z \cdot S_{tZ}, i_\varphi \cdot S_{t\varphi}, i_\vartheta \cdot S_{t\vartheta}, i_\theta \cdot S_{t\theta})$，并将装配方向单位化表示成 $\sigma$，则装配体的装配约束项相对于 $\sigma$ 的变化就可表示成 $h = k \cdot i$，这里 $k = \dfrac{1}{|o|}$ [131]。

## 6.3.3 碰撞干涉剔除描述

设装配体 $A_1$ 的坐标 $(V_{1X}, V_{1Y}, V_{1Z})$，方位 $(V_{1\varphi}, V_{1\vartheta}, V_{1\theta})$；装配体 $A_2$ 的坐标为 $(V_{2X}, V_{2Y}, V_{2Z})$，方位 $(V_{2\varphi}, V_{2\vartheta}, V_{2\theta})$；装配体 $A_1$ 的装配移动增量为 $\delta = (\delta_X, \delta_Y, \delta_Z, \delta_\varphi, \delta_\vartheta, \delta_\theta)$。

（1）将 $A_1$ 的位置变换到 $A_2$ 的局部坐标系，根据式（6-1）可以得到坐标转换矩阵，从而得到转换后 $A_1$ 的当前位置可以表示为 $(W_X, W_Y, W_Z)$，则得到装配体 $A_1$ 的方位角表示为

$$(W_\varphi, W_\vartheta, W_\theta) = (V_{1X} - V_{2X}, V_{1Y} - V_{2Y}, V_{1Z} - V_{2Z}) \tag{6-4}$$

（2）计算装配体 $A_1$ 的 $W$ 处与 $P$ 处的约束项接近程度，并判断这两个约束项的差的平方均值 $F$ 是否满足预定的阈值。

令

$$D = W - P$$

设

$$e = (P_{tX} \cdot D_X, P_{tY} \cdot D_Y, P_{tZ} \cdot D_Z, P_{t\varphi} \cdot D_\varphi, P_{t\vartheta} \cdot D_\vartheta, P_{t\theta} \cdot D_\theta)$$

得到：

$$F = e \cdot e / (P_{tX} + P_{tY} + P_{tZ} + P_{t\varphi} + P_{t\vartheta} + P_{t\theta}) \tag{6-5}$$

若 $F$ 的值大于预定的阈值，装配体 $A_1$ 停止运动。如果其值小于该阈值，装配系统将装配体 $A_1$ 的位置认定为干涉区域的起始位置，依据装配约束关系开始进行干涉剔除。

（3）确定位置变化量

设 $\vec{\eta} = (\rho_{tX} \cdot \delta_X, \rho_{tY} \cdot \delta_Y, \rho_{tZ} \cdot \delta_Z, \rho_{t\varphi} \cdot \delta_\varphi, \rho_{t\vartheta} \cdot \delta_\vartheta, \rho_{t\theta} \cdot \delta_\theta)$ 为非装配约束项的变化，$y = (S_{tX} \cdot \delta_X, S_{tY} \cdot \delta_Y, S_{tZ} \cdot \delta_Z, S_{t\varphi} \cdot \delta_\varphi, S_{t\vartheta} \cdot \delta_\vartheta, S_{t\theta} \cdot \delta_\theta)$ 为装配约束项的变化。$y$ 在 $x$ 方向投影长度表示成

$L = |\boldsymbol{y}| \cdot \cos \angle (\boldsymbol{y}, \boldsymbol{x})$，那么装配约束项的真实变化量为 $L \cdot \boldsymbol{h}$，最后得出装配体的位置变化 $L \cdot \boldsymbol{h} + \eta$。

（4）结束干涉剔除。当装配体的装配位置发生移动，将当前位置与初始位置、终止位置进行比较，如果投影长度 $L > 0$，如果位置的变化量在阈值允许范围内，则结束干涉剔除。

### 6.3.4 碰撞干涉剔除实例

如图 6.8 所示，显示的是吊车模型和甲板发生了碰撞干涉，干涉后无法在 $Y$ 轴方向上继续前进，信息栏上显示"collided"字样，并检测出了干涉的具体位置，进行碰撞干涉剔除，使装配过程顺利进行。

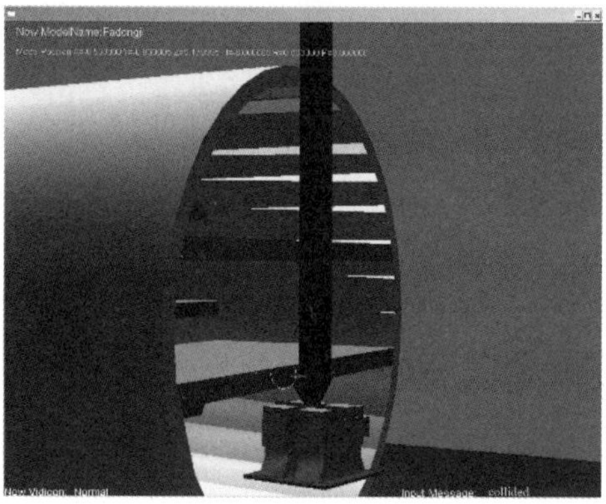

图 6.8　装配过程的碰撞干涉检测

# 6.4 本 章 小 结

本章针对虚拟装配中的碰撞干涉检测技术进行了研究，采用虚拟物体算法，基于相对位置的碰撞干涉剔除，为舱室虚拟装配规划出无干涉的路径。

# 第 **7** 章
## 典型舱室装配工艺规划原型系统

本章构建一个面向舱段生产的典型舱室装配系统，提出该系统的构建思想和体系结构，把舱室装配中的各个环节有机地集成起来，从而实现虚拟舱段全过程的信息、功能和过程集成。在对CADDS5系统与舱室装配系统数据转换与集成的基础上，根据舱段零部件之间装配关系和约束条件，在虚拟环境中进行模型设计组装，达到优化设计的目的。

此外，采用内存调度策略、多线程的运动控制完善装配系统性能。采用基于相对位置的干涉剔除，由装配体当前位置、移动方向、相对位置之间的关系来约束装配体的位置变换，从而完成装配体安装。

数字化船舶在装配完毕后，各类三维模型相加起来数据量巨大，在漫游过程中一帧的数据处理量非常大，因而场景调度策略的研究非常有意义。采用基于径向基神经网络（RBFNN）的场景调度策略，将虚拟化身的当前视点状态作为RBFNN的输入样本，利用径向基神经网络预测化身当前视点的后续状态。获得化身当前视点的后续状态后，结合视锥体取景即可进行场景调度。

## 7.1 舱段装配系统的构建思想及体系结构

1.系统构建思想

面向舱段生产的舱室装配规划系统采取面向对象的设计思想，根据舱段生产过程的特点进行抽象，使系统具有良好的扩展性和可复用性。同时，舱室装配系统要具有以下3个特性[121-122]：

（1）具备真实感，装配体的比例关系严格、装配体和装配工具有匹配关系，各个装配体之间有装配约束关系，真实地模拟舱段的三维装配规划过程；

（2）具备良好的交互控制能力，操作者可以灵活地控制装配工具、装配体的显示和运动，并实时显示装配过程信息，实现交互操作；

（3）具备输出能力，能够自动输出装配规划文件（包含装配序列和路径等信息），实现装配过程的可重复、可回溯。

2.系统的体系结构

根据舱室装配系统的构建思想，本书所构建的舱段/舱室装配系统的体系结构共分为

4个层：模型与数据层、功能层、人机交互层、设备层，如图7.1所示。

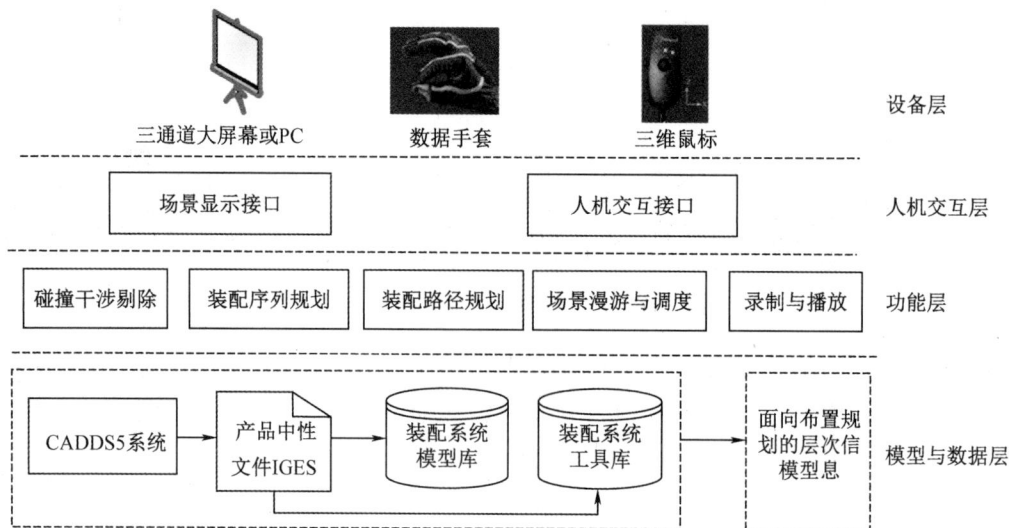

**图7.1 系统的体系结构**

（1）模型与数据层：该层包括系统需要的模型数据，是系统的构建基础；

（2）功能层：该层是系统的核心结构，面向使用者提供对模型与数据层的操作入口，将模型与数据层中提供的各种基础数据整合为碰撞干涉剔除、装配序列规划、装配路径规划、场景漫游与调度、录制与播放，通过场景显示接口和人机交互接口，提供显示和体验；

（3）人机交互层：该层作为设备层与功能层连接的桥梁，将设备层的输入通过接口传递给功能层，同时将功能层的输出信号传递给设备层、展示给终端操作人员；

（4）设备层：该层直接面向最终操作人员，通过虚拟辅助设备（三通道大屏幕、数据手套、三维鼠标等）增强操作者的沉浸感。

## 7.2 舱室装配体模型的数据转换及映射机制

### 7.2.1 CADDS5系统与舱室装配系统数据转换机制

本书构建的船舶舱室装配系统的模型是CADDS5模型。

1.CADDS5模型

CADDS5[123]是PTC公司的一种行业建模软件，是一种高端CAD系统，CADDS5系统在国内许多大型船厂、研究设计单位得到了广泛的应用。采用3D混合建模和2D制图环境，提供参数造型、全套工程分析、并行装配等强大的功能，其强项为企业产品数据管理和并行装配模型应用。CADDS5的文件不同于其他CAD，他的文件并不是采用一个文件来存储，而是由一个主文件、若干附属文件组成，每一个part保存一个文件夹[124]。

在模型数据转换时，不只需要主文件，而是所有文件组成的一个整体。舱室装配建模中零件的几何属性信息、特征参数以及物理信息主要从CADDS5系统传入，而零件的运动、方位属性信息则主要在装配建模过程中建立。当然，在虚拟环境中也可以修改CADDS5系统传入的零件属性参数。

虚拟产品模型是虚拟装配的基础，如何解决CADDS5模型与产品的虚拟模型的转换是实现虚拟装配的关键。由于用于虚拟装配的几何模型不同于现行的CADDS5实体模型，CADDS5系统是参数建模，而虚拟装配环境中一般是采用多边形（一般是三角形）面片建模，这就需要进行模型转换。装配模型和装配工具的三维模型可由各种三维设计软件（如Creator、3DMax，CADDS5等）进行设计。本虚拟仿真系统的运行环境基于Vega，要求模型是标准的OpenFLT。如果采用Creator之外的软件创建的模型需要转化为Open-FLT格式。因此，在实际的建模过程中要解决多种模型文件格式统一转换的问题，使得各种模型转换成标准的OpenFLT格式。使用CADDS5软件自带的模型转换工具datashop将模型转换成IGES格式，通过第三方软件Polytran4.12的转换，可以得到Creator所需的OpenFlt格式的零部件文件，完成零件虚拟模型的转换。OpenFlt使用几何体、层次结构和属性来描述模型。几何体是坐标点的集合，每个顶点由一个矢量和一个坐标点组成，一对顶点之间的距离定义为边，同面的一组顶点定义为面，这些顶点、边、面的集合定义为对象（Object）。

CADDS5本身提供两种转换方式：一种是通过CADDS5本身提供的转换到DXF文件（AutoCAD文件）；另外一种运用转换工具datashop_gui，该工具可以进行IGES、CADDS5、VDA等格式之间的相互转换。本系统主要采用的是从CADDS5通过datashop_gui转换到IGES格式，然后在windows平台上通过PolyTrans转换到flt文件。IGES转换到flt有两种情况要分别处理：一种是设备模型的处理，一种是管线模型的处理。设备模型的建模方法类似于通常使用的3DMAX等建模工具，需要采用PolyTrans中的IGES FILES（via PTC Granite）的导入方式，需要从IGES文件中获取几何实体的边界模型，在下面将研究这个问题。而管线模型采用的建模方式非常特殊，基本上采用参数建模的方式。在CADDS5中只需要选择模型的型号、两端的阀门等参数信息就可以建模。与模型搭配的还有管线库和阀门库，CADDS5中只保存参数信息。所以采用的转换方式是：首先把part文件转换成详图，使管子的单线变成双线；然后需要采用PolyTrans中的IGES FILES（via Okino）的导入方式，导出到FLT文件；最后把FLT文件转换成FST文件，FST文件和FLT文件所表示的是同样的模型，但是FST文件对模型进行了优化，使模型大小大幅降低且速度加快。

## 7.2.2 从IGES文件获取几何实体边界模型

IGES（Initial Graphics Exchange Specification，初始化图形交换规范）。该规范定义了一种文件格式、语言格式及在这两种格式中的几何的、拓扑的与非几何的产品定义数据表示方法。以该格式表示的产品定义数据可以通过多种物理介质（网络、磁盘等）进行交换。选择IGES标准重要是基于3个方面的原因：

（1）IGES作为一种工业上的规范发展已较为成熟；

（2）许多现有的CAD软件系统都提供了IGES接口；

（3）IGES的输出文件与所使用的造型系统无关，且在不断扩充。

IGES规范用于产品定义数据表示方法与通信的数据结构。利用该规范能够使各类不同的CAD/CAM系统间进行产品定义数据的兼容性交换。该规范的特点是产品数据表示方法是可以扩充的，且与所用的实体造型无关。

### 7.2.2.1 IGES标准

IGES是由一系列产品的几何、绘图、结构和其他信息组成。因此，IGES可以处理CAD/CAM系统中的大部分信息，且有可扩展的空间。在考虑CAD/CAM数据交换之前，首先要明确数据的组成，这里我们抽象出产品数据由3个基本部分组成：格式、描述和意义。

1.IGES的格式

图形应用系统通常是以ASCII代码集为基础，其优点是兼容性好，但数据文件庞大。用二进制编码技术可以大大减少数据量，但又使文件在简单性和适应性方面付出高昂代价。这样，IGES一方面采用了ASCII编码技术，另一方面也采用了二进制编码技术。此外，在共享CAD/CAM数据方面，因为无法预知这些数据是否符合要求，所以在处理产品信息流的应用中，应该清楚装配系统要求的精度。

2.IGES描述

IGES用单元（entity）和单元属性描述产品几何模型，单元是基本的信息单位，分为4类：几何单元、尺寸标记单元、结构单元、属性单元。每个单元由两部分构成，第一部分是分类入口（directory），具有固定长度；第二部分是参数部分（paremeter section），格式自由，长度可变。几何单元包括点、线、弧、二次曲线、参数曲线以及参数曲面等。IGES还可以用组合单元把多种线段连接成单个几何项，数据块为密集的点阵和线段提供方便。

IGES有3个主要的标注尺寸单元：字符、箭头线段和边界线。这些标注单元能够标注角度、直径、半径、长度等尺寸。线框、曲面、实体造型的接口问题是模型转换中的一个重要问题。

3.IGES的意义

数据（信息）是产品数字化表示，表达了设计数据的意图。数据的意义仅由应用者赋予，其数据表示有简单几何定义，它暗示了设计意图，但最后的实际内容由用户确定。

附加信息可以放到产品的描述中去，使意义更加明确。附加信息可以分为两类：与数据相关的属性和模型中数据项之间的关系。根据数据之间的关系和所赋予的属性，可以清楚地理解产品定义的意图。所以，产品定义的意义是通过文件中的结构单元和属性来体现的。结构单元由几个基本单元组成，在结构单元中定义了各单元之间的联系和意义，其中最重要的是相关视图和图形。

### 7.2.2.2 IGES文件的读取与写入

IGES文件的读取和写入主要是针对相应的实体单元进行的，实体单元可分为几何的和非几何的，它们都是为描述产品的线框模型设计的，通常几何实体单元的定义是相互独立的（曲面例外）。为增强这个模型，还提供了一些特征，用以定义和构成实体间的联系。非几何实体单元含有结构，其中一个实体单元可以通过独立于其他实体单元结构的集合进行定义，这是从IGES文件中获得形体的边界模型的出发点。

由于从IGES标准中定义的是一些实体单元，装配系统需要捕获的是形体的边界模型。在实际处理过程中，不需要对众多的实体单元一一进行处理，通常是根据实际的需要，适当选择IGES标准实体单元的一个子集。

本书涉及的IGES文件的读取和写入是按照ASCII码格式的。若IGES文件不是ASCII码文件，即如果是二进制格式或者压缩ASCII码格式，则需要对IGES文件预先转换成ASCII码文件。这个转换对IGES文件的正确读取和输出是非常必要的。

对本书设计的装配模型转换而言，IGES文件的读取是一个很重要的过程，因为后面的模型处理首先要依赖IGES文件，实际上是对IGES文件的前处理，主要目的是：

（1）正确读入IGES文件每个实体单元的信息，并存入相应的数据结构；

（2）过滤掉不必要的信息，即对系统未定义的实体单元，通常不作任何处理，直接简单略过。

读入IGES文件的流程如图7.2所示，首先读入由CAD系统得到的IGES文件，然后判断IGES文件的格式是否为ASCII码格式。IGES文件的读取主要是针对文件中目录段和参数段部分，这两部分记录了模型的几何信息和关联信息。其他段仅记录了关于IGES文件的辅助说明。

对于IGES文件中的目录段部分，每次读入的实体单元如果不是系统已经定义的则跳过处理下一个实体单元。对于读取成功的实体单元，可以按照它的单元目录结构记录的单元信息保存其信息。IGES标准中的实体单元目录结构中有20个域，除了一些冗余的域和IGES保留域外，其余域的信息都要保存，因为这些域中包括了重要的指针信息。而对于IGES文件中的参数段部分，逐条记录了文件所有实体单元的参数信息。因为每个实体单元目录结构的第2个域中记录了其相关参数的入口指针，在目录结构的第13个域中有参

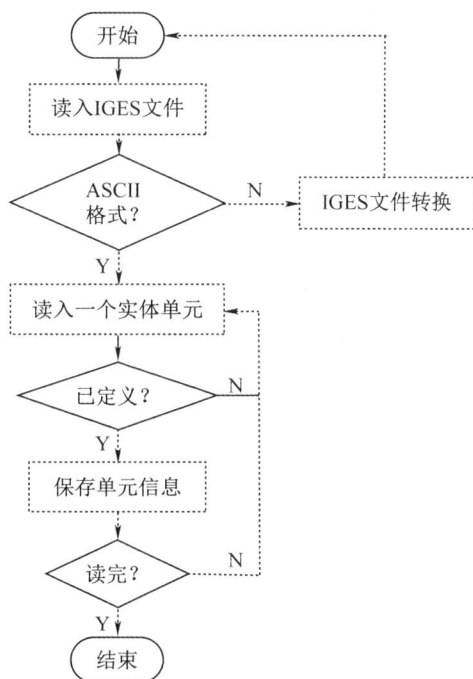

图 7.2 读入 IGES 文件的流程

数记录的行数，这样就实现了通过实体单元中保存的实体参数记录指针及参数记录的行数将一个实体单元的相关参数读进来。通过这一系列的处理，实现了将IGES文件中的实体单元信息和参数信息结合起来，获得一个实体单元完整的数据信息。

IGES文件读取结束后，获得了舱室装配系统所需要的所有实体单元的完整数据信息，这些数据信息可供下面的处理。

### 7.2.2.3 几何实体边界模型的获得

传统的IGES文件的处理方法是不能从几何实体的IGES文件中得到几何实体的边界模型的，因为一般的处理过程只是简单地读入IGES文件并将IGES文件中的图形信息显示在屏幕上，而不做任何处理。对于几何实体，它所记录的基本上是三维线框信息，所以必须找到新的方法处理几何实体的IGES文件来获得几何实体的边界模型。对IGES文件中所有的实体单元信息读取结束后，我们面对的问题是如何根据这些实体单元中记录的信息对这些实体单元采取一些必要的重组、转换、集成等步骤后，将它转换为几何实体的边界模型。

根据IGES文件的读取，将从IGES文件中获得几何实体边界模型分为两方面的问题：一是基本体素边界模型的获得；二是拼装后形体边界模型的获得。

1.基本体素边界模型的获得

基本体素是对应于尚未进行拼合操作形体而言的。将体素分为两类：一类是扫描体素，另一类是非扫描体素。扫描体素通常包括长方体、圆柱体、圆锥体等系统定义的体素，还包括平行扫描和旋转扫描做成的扫描体素。一些不能用平行扫描或者旋转扫描构造的体素将被视为非扫描体素，例如棱锥、棱台等。

对应于读入的所有实体单元，首先将所有的实体单元信息进行分类，然后将它们重新组合起来。实体单元信息的重组是按照体素的方法重新组合起来，第一步是将实体单元的信息分类，然后将构成同一体素的所有实体单元信息归结在一起，这样就可以获得IGES造型文件中一个体素的全部实体单元信息，进而获得IGES文件中所有体素的信息，最后采用体素拼合的方法就可以得到结果形体的边界模型。

（1）扫描体素边界模型的获得

对应于扫描体素，关键在于根据其线框模型得到扫描体素的基本扫描多边形及扫描的长度或旋转的角度。扫描体素的记录特点：对于平行扫描体素，优先记录"拉起"的各条边，再记录其余的边；对于旋转扫描体素，优先记录"旋转"的各条边，再记录其余的边。根据这个特点就不难得到扫描体素的基本扫描多边形。得到扫描体素的基本多边形，平行扫描的长度或旋转扫描的角度即可得到。

（2）非扫描体素边界模型的获得

对于非扫描体素，可以直接从体素的线框模型中获得体素的边界模型。这个方法不够完善，因为受到两个限制：一是在处理过程中对曲面和曲线的处理比较差；二是对于包含内孔的处理比较粗糙。由于形体的线框模型不包括形体的精确的面信息，所以这种描述对于形体的表达并不完善，最大的缺点是不能区分形体内和形体外，只有在获得形体的精确的面信息后才可以克服这个缺点。

这里根据图论的理论对这一缺点进行改进。对应于大部分的三维形体的线框模型，都可以归结成一个平面或者空间的图模型，所以三维形体线框的描述可以转换为对应的图描述，即在线框模型中对应于每个点加上它的邻接关系及邻接点的个数等信息。这样问题就转换为从形体的图描述中获得面的信息。根据图的特性，将空间模型四面体化，由于四面体是三维空间中的最简单形体，这样处理后就可以得到构成原来形体的四面体的集合。最后将这样一个四面体集合中的四面体重新组合在一起，消除冗余的边和面，就可以得到原来形体的面的描述，进而可以得到形体的边界模型。这样就可以得到非扫描体素的边界模型。

2.拼合后形体边界模型的获得

得到基本体素边界描述后，最终的形体采用体素拼合得到，即所得到形体是一个一个体素拼合在一起形成的。

IGES是采用"AME_JNK"来表示两个体素存在一定的拼合关系，IGES文件中对于两个体素拼合好的结果形体，记录了它的线框信息，这种拼合方式能够明确两个体素相关的位置。

## 7.2.3 简化模型及优化模型数据库

在舱室装配过程中，图形卡的性能决定了每秒钟能处理的多边形数量，因此，在不影响模型装配关系及精确度的前提下，需要对模型进行简化处理，以减少模型的复杂程度，从而提高舱室装配系统运行时的实时性。因此，在不影响模型装配关系及精确度的前提下，需要对前面建立的模型进行简化和优化工作。

### 7.2.3.1 三角面片合并

模型从CADDS5到IGES再到flt的格式转换过程中，会产生很多三角形，这些三角形有很多属于同一平面，而且相邻，完全可以合并成一个面，这样可大大减少模型大小。

将模型导入到Multigen Creator时，Multigen Creator会将模型中原有的非三角形面片转化成三角形面片，因而会增加多边形的数量。由于舱室装配环境对模型的多边形数目有限制，可以通过合并三角面片来有效地简化模型，降低多边形数量。Multigen Creator会自动将处于同一平面的相邻三角形合并，减少的三角面片数达到50％以上。

### 7.2.3.2 删除多余多边形

对于舱室装配系统，在建立模型数据库的时候就删除模型背面、内部或被遮挡的多边形、一些过度的模型细节及不易察觉的冗余多边形，减少数据库中总的多边形数量，可以减少系统的绘制时间。比如次要模型只需要绘制出模型的外部，模型的底面、内面等不需要渲染出来，因此可以在模型中直接删除。

除了凭借自己经验进行手动删除外，还可以借助Virtue 3D公司的VSimplify等第三方工具对在需要的时候使用Multigen Creator双面渲染功能来减少多边形。

### 7.2.3.3 使用LOD技术

**1.LOD模型**

LOD（level of detail，即细节层次）模型可以在舱室装配系统的多边形预算范围内有效增加系统的绘制效率和效果。LOD方法的基本思想是：对场景中的不同物体或物体的不同部分，采用不同的细节描述方法，在绘制时，如果一个物体离视点比较远或这个物体比较小，使用较粗的LOD模型绘制。反之，如果一个物体离视点距离比较近或这个物体比较大，使用较精细的LOD模型绘制。同样，若场景中有运动的物体，对于运动速度较快或处于运动中的物体，采用较粗的LOD，而对于静止的物体采用较细的LOD。

模型越近，使用细节程度越高的模型版本。当视点远离模型后，就使用低层次细节版本模型。对于本书所涉及舱室装配系统，为装配体提供不同的LOD描述是控制场景复杂度和加速图形绘制速度的一个非常有效的方法。可以为主要部件建立多个细节程度的模型，在不同的LOD阶段相应使用适当细节程度的模型版本，以达到提高舱室装配系统运行效率的目的。

LOD模型通常是通过网格简化算法来生成。网格简化的目的是把一个用多边形网格表示的模型用一个近似模型表示。近似模型基本保持了原模型的可视特征，但顶点数目少于原始网格的顶点数目。通常的做法是把一些"不重要"的图元（顶点、边或三角形）从多边形网格中移去。近几年来，出现了很多高效的LOD模型生成算法，这些算法既可以简化复杂的场景数据，还可以对复杂的拓扑模型进行简化。且简化结果既可以是视点依赖的，也可以是视点独立的。

**2.OpenFLT模型**

OpenFLT[125]是MultiGen-Paradigm公司描述数据库格式的标准，目前OpenFLT格式在实时三维领域中成为最流行的图像生成格式，并成为视景仿真领域事实上的行业标准。OpenFLT使用几何层次结构和属性来描述三维物体，OpenFLT模型数据库的层次结构如图7.3所示。采用以下层次结构对物体进行描述，可以保证对物体对点、面的控制。

（1）组层次：以逻辑组的形式构造和定义模型的各部分，用于构造、筛选及实时渲染。

（2）体层次：提供了数据库结构的更细议程，广泛的、结构特殊的"成分"在体模式下用于筛选和实时渲染部件。

（3）面层次：用于渲染过程中细节的控制、对面及属性的定义和组织；包括对颜色和纹理等渲染选项的定义；对平面及顶点颜色的定义；对环境光、漫反射灯光照模式的定义；亮度、透明度等材质属性的定义[126]。

**3.CADDS5到OpenFLT模型数据的转换**

虚拟产品模型是舱室装配的基础，如何解决CADDS5模型与装配系统间的数据转换是实现舱室装配的关键。由于用于舱室装配的几何模型不同于现行的CADDS5实体模型，CADDS5系统是参数建模，而舱室装配环境中是采用多边形面片建模，这就需要进行模型数据转换。舱段虚拟仿真系统的运行环境基于Vega，要求模型是标准的OpenFLT格式。若采用Creator之外的软件所创建的模型需要转化为OpenFLT格式。

使用CADDS5软件提供的二次开发接口datashop将模型数据信息存储到IGES文件中，应用Polytran读取IGES文件中的模型数据信息，可以输出得到Creator所需的Open-FLT格式的装配体文件，OpenFLT即舱室装配系统所需要的模型数据文件，从而完成CADDS5系统与舱室装配系统之间的数据转换，模型数据转换机制如图7.4所示。

初始化图形交换规范[127]（Initial Graphics Exchange Specification，IGES）是国际上产生最早的数据交换规范，该规范定义了一种文件格式、语言格式及这两种格式中几何拓扑的产品定义数据表示方法。以该格式表示的产品定义数据可以通过多种物理介质（网络、磁盘等）进行交换。利用该规范能够使各类不同的CAD/CAM系统间进行产品定义数据的兼容性交换。该规范的特点是产品数据表示方法是可以扩充的，且与所用的实体造型无关。

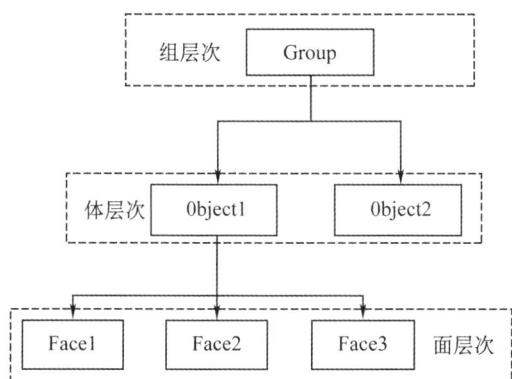

图7.3　OpenFLT模型数据库的层次结构

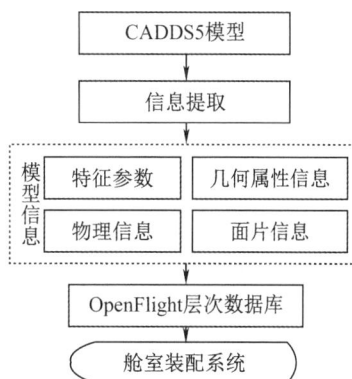

图7.4　模型数据转换机制

## 7.2.4 层次信息模型与OpenFLT模型数据间的映射机制

为了表达零件的层次模型，必须建立舱室装配模型、数据库层次模型和CAD模型提取信息之间的映射关系，将不同的模型信息写入到不同层的结点中。本书构建了如图7.5所示的映射关系。

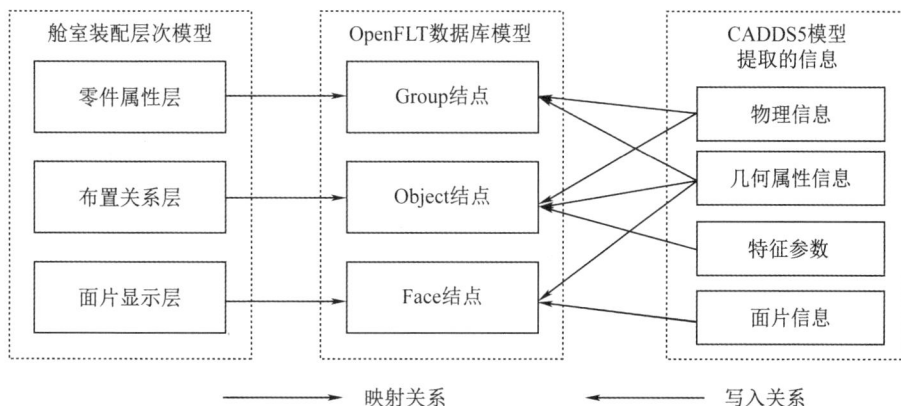

图7.5　舱室装配模型与OpenFLT数据模型的映射关系

93

在第2章构建的装配体层次模型的零件属性层、面片显示层以及装配关系层中分别写入不同的数据结点，实现了不同层与数据库结点之间的映射，使用Group类型结点存储模型的属性层信息，使用Object类型结点存储模型的装配关系层信息，使用Face类型结点表达面片显示层信息。

## 7.3 内存调度及多线程运动控制完善系统性能

根据装配规划过程的分析，采用内存调度、多线程的运动控制完善装配系统性能。

### 7.3.1 内存调度

所有三维装配模型和装配工具加起来比较庞大，如果利用正常的加载方法进行模型的加载和初始化是不可行的。在系统初始化时，将装配模型和装配工具全部调入内存并显示在初始位置，并将其位置设为无限远即设在不可见位置，省略了系统运行过程中存储器和内存之间的调度时间。

另外，针对舱室装配模型庞大这一特点，无法利用以往普通的内存配置初始化装配模型，采用动态分配内存的方案[128−129]。在系统初始化时，采用为模型分配大于正常分配额30倍的内存容量进行模型加载，这一方法大大提高了模型的载入速度和系统的稳定性。

### 7.3.2 多线程运动控制

系统设计3个线程：主刷新线程、功能采集线程、播放线程。主刷新线程，负责输出图像的实时刷新与绘制；功能采集线程，负责虚拟现实辅助设备（三维鼠标、数据手套等）进行响应输入；播放线程，负责将录制的装配过程文件播放。采用线程同步技术，有效组织各个功能线程协调调度，解决由于模型复杂而导致的装配系统执行效率低下问题。

最初在多线程的实现中，主线程负责系统启动，VEGA环境的加载和初始化放在第二线程中执行。但在实际检验中发现这一作法与VEGA系统自身初始化和内存分配产生冲突，解决方案是将VEGA环境相关信息加载到级别较高、优先级较高的主线程中[130]。

## 7.4 基于径向基神经网络的场景调度策略

**定义7.1** 场景[132]——一个观察者可观测到的对象物的集合。

本书研究的舱室装配系统场景包括：装配车间、装配平台、装配体和装配工具。开发并应用舱室装配系统的一个重要用途就是能够在实际的生产装配发生前，为装配规划人员规划出多种可选的装配方案，这些可选装配方案以漫游的方式让装配规划人员"身历其境"，通过"虚拟"的技术手段为其确定装配方案提供"现实"参考。当装配方案确定后，通过装配方案的漫游还可以为各工种的装配操作人员提供培训，熟悉装配规划和相关注意事项。

数字化船舶在装配完毕后，各类三维模型相加起来数据量巨大，在漫游过程中一帧的数据处理量非常大，因而场景调度策略的研究非常有意义。在漫游操作过程的某一小段时间内，操作者（虚拟化身）通常是以一定的概率考察场景的某些部分，该概率的大小取决于此场景受重视的程度[133−134]。因此在装配场景调度过程中，场景通常是以该概率被调入虚拟化身视线，概率越大场景调入的几率就越大。所以，装配场景的调度决定于当前虚拟化身的视点状态（视点位置和视角）。

对场景管理技术的研究很多，如文献[135]中构建了一种能有效描述大规模虚拟环境的场景图和基于该场景图的场景二叉树，来实现场景的管理；文献[136]中采用八叉树算法并结合面向对象的思想，构建了一种适合处理动态场景的交互树来进行场景管理。但文献[135]主要是从虚拟环境漫游的角度来进行场景管理，而对虚拟环境中动态对象的管理未做深入研究；文献[136]中关系树的建立依赖于场景设计者的干预，在处理复杂场景时工作量较大。以往的场景调度很少利用场景支持的具体语义信息，具有一定的盲目性，影响了场景显示的实时性。

神经网络存储模糊信息的能力较好，可以用来学习并记忆虚拟化身的视点变换信息。视点状态的变化由操作者或化身主观决定，具有一定的随机性，但在舱室装配特定环境下长期来看有一定的变化规律。可以将视点变化规律作为经验值以权值形式存储于神经网络，训练神经网络使其可以预测视点的下一状态。当训练好的神经网络稳定后，就可以利用该网络的输出信息（预测当前视点的后续状态）对装配场景进行调度。本书实现了基于径向基神经网络（radial basis function neural network，RBFNN）的场景调度策略，将化身的当前视点状态作为 RBFNN 的输入样本，利用该算法预测化身当前视点的后续状态。获得化身当前视点的后续状态后，结合视锥体取景即可进行场景调度。

径向基网络无论在分类能力、逼近能力还是学习速度等方面均优于 BP 网络，所以这里选径向基网络进行化身视点状态的预测，从而进行场景调度。

## 7.4.1 构造径向基神经网络模型

径向基神经网络可以近似任何的连续非线性函数，是以函数逼近为基础的一种前向网络，其结构如图 7.6 所示。训练好的径向基神经网络可以对虚拟化身的视点状态变化进行存储，该视点变化经验知识是以权值的形式存储在权值矩阵中。

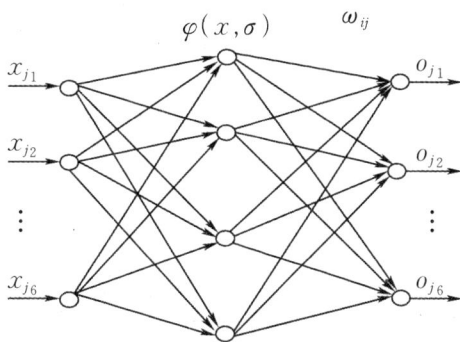

图 7.6　径向基神经网络

将舱室装配过程中的示例 $\{(x_j,d_j)\}_{j=1}^N$ 作为训练样本，$\{(x_j,o_j)\}_{j=1}^N$ 为径向基神经网络的输入输出。

其中，$x_j$ 代表视点当前的状态，$d_j$ 代表 $x_j$ 的实际视点的后续状态，$o_j$ 代表径向基神经网络预测的当前视点的后续状态。设网络只有一个隐含层，$N$ 表示训练样本的数目，$\omega_{ij}$ 为第 $i$ 个神经元到第 $j$ 个神经元的连接权值。

隐层节点中的作用函数（核函数）选取最常用的高斯核函数[137]：

$$\varphi(x,\sigma)=\exp\left[-\|x-c_j\|^2/\sigma^2\right] \tag{7-1}$$

式中　$\|x-c_j\|^2$——$x$ 到 $c_j$ 的距离；

　　　$c_j$——高斯函数的中心值；

　　　$\sigma$——标准化常数。

径向基神经网络的学习分为两步：

（1）根据所有的输入样本，将样本划分为 $M$ 个类，得到隐层节点的高斯核函数的 $c_j$ 和 $\sigma$ 值；

采用 K-means 聚类算法[138]得到，即：

$$c_j=\frac{1}{M_j}\sum_{x_j\in\theta_j}X_j \tag{7-2}$$

$$\sigma=d_m/\sqrt{2M} \tag{7-3}$$

式中　$\theta_j$——聚类子集；

　　　$M_j$——$\theta_j$ 的样本数目；

　　　$d_m$——各中心之间的最大距离。

（2）决定隐层参数后，根据输入样本，利用最小二乘原则，得到连接权值 $W_{ij}$。

径向基神经网络通过学习训练后，可以为虚拟化身提供当前视点的后续状态。

## 7.4.2 基于径向基神经网络的场景调度

通过 RBFNN 算法获取虚拟化身当前视点的后续状态后，即可进行场景调度。虚拟环境中通常是采用视锥体进行取景，具体的场景调度步骤如下。

（1）获取虚拟化身视点的当前状态 $X_j$，启动 RBFNN 算法；

（2）通过 RBFNN 算法的输出，预测当前视点的后续状态 $X_{j+1}$；若将 $X_{j+1}$ 作为输入，则可以得到输出为 $X_{j+2}$；同理，RBFNN 算法可以计算出 $X_{j+3}$…；

（3）设 $X_{j+1}$、$X_{j+2}$、$X_{j+3}$ 分别占用的视锥体区域为 $V_{j+1}$、$V_{j+2}$、$V_{j+3}$，得到预测的视点集合 $V_m=V_{j+1}\cup V_{j+2}\cup V_{j+3}\cup\cdots$；

（4）设化身当前视点的前续状态为 $X_{j-1}$、$X_{j-2}$、$X_{j-3}$…，建立视点队列 $\{X_{j-3},X_{j-2},X_{j-1},X_j\}$，得到视点集合 $V_n=V_j\cup V_{j-1}\cup V_{j-2}\cup V_{j-3}\cup\cdots$；

（5）设当前视点的实际后续状态为 $X_c$、$X_j$，$X_c$ 占用的视锥体区域为 $V_j$ 和 $V_c$；

（6）设即将显示但没有调入内存的场景为 $V_o$，则 $V_o=V_c-V_m\cup V_n$；

（7）若 $V_o\neq\Psi$，则将 $V_o$ 调入内存；

（8）将 $X_c$ 赋值给当前的视点状态 $X_j$，视点队列更新为 $\{X_{j-2},X_{j-1},X_j,X_c\}$，返回步骤

（2）执行至步骤（7），完成当前场景的显示；

（9）一个场景显示结束后，返回步骤（1），直至漫游完成。

## 7.4.3 场景调度效果

先设定化身视点的空间位置为坐标原点，将舱室装配方案进行漫游，下面是选取的几幅漫游过程中的装配场景，如图7.7所示。

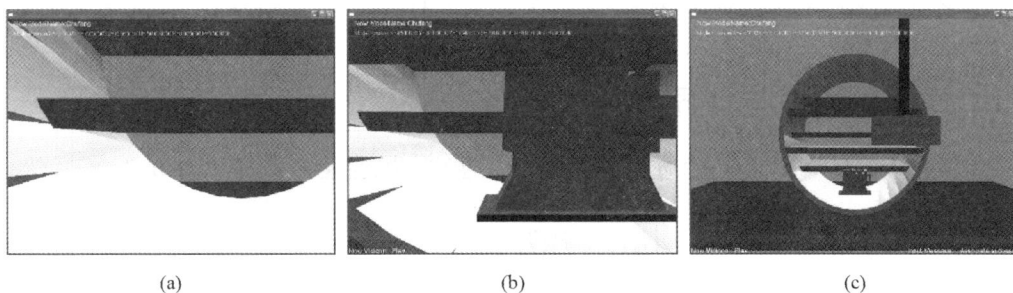

|（a）|（b）|（c）|

图7.7 漫游过程中的装配场景

从图7.7可以看出，漫游过程中化身可以以"沉浸"方式身临其境体验装配方案，使装配过程更真实地回溯。

# 7.5 舱室装配原型系统设计思想及功能结构

## 7.5.1 系统设计思想

根据面向对象思想，为实际生产过程建立类模型，用程序模拟整个装配过程。采用面向装配设计的体系结构，能够自顶向下地根据产品的功能结构及运动机构和约束要求，构建产品的装配模型，完成此产品装配模型的可装配检查，并确定产品的装配序列和装配路径。通过键盘控制装配工具、装配体的显示和运动，并实时显示运动信息。根据装配约束关系和干涉检测进行实时的交互操作，最终产生和验证装配工艺，并可实时演示装配过程，并可以通过鼠标控制实现场景漫游。主要包括以下两部分：

（1）Lynx图形界面：主要用来设定系统运行参数，输入待装配的零部件数据；

（2）装配仿真：可设定仿真过程中模型的显示模式、运动轨迹的可见性、立体视图的生成、动态的干涉检查等，并进行虚拟装配，记录运动路径。通过干涉检测以及设计人员的观察，检查装配中出现的问题，给设计提供参考信息。通过建立记录序列和路径的文件，将连续的人机交互过程离散化，同时从设计者的直接操作中分析出抽象的装配关系，达到装配人员对未来实际装配过程深层次理解。

图7.8显示了完整的虚拟装配流程。

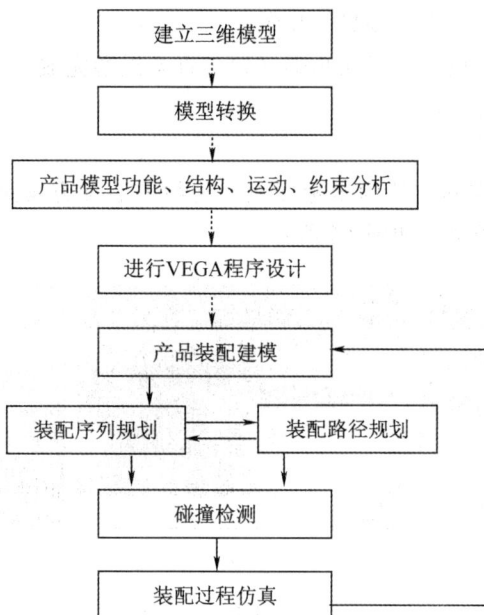

**图 7.8　虚拟装配流程**

虚拟环境中，设计者通过计算机系统的输入设备选择装配模型（即待装配体）和装配工具，执行装配任务，逐步完成产品的装配模型。典型的虚拟装配过程如下：将零部件加载到虚拟环境中、选取装配模型和装配工具、对装配模型和装配工具的匹配关系进行识别、匹配成功后模型和工具形成组合体进行空间装配运动、装配运动过程中进行干涉检测、装配模型运动到工艺要求的位置完成定位、开始下一装配模型的装配。

根据以上对虚拟装配过程的分析，构建如图7.9所示的虚拟装配系统体系结构。

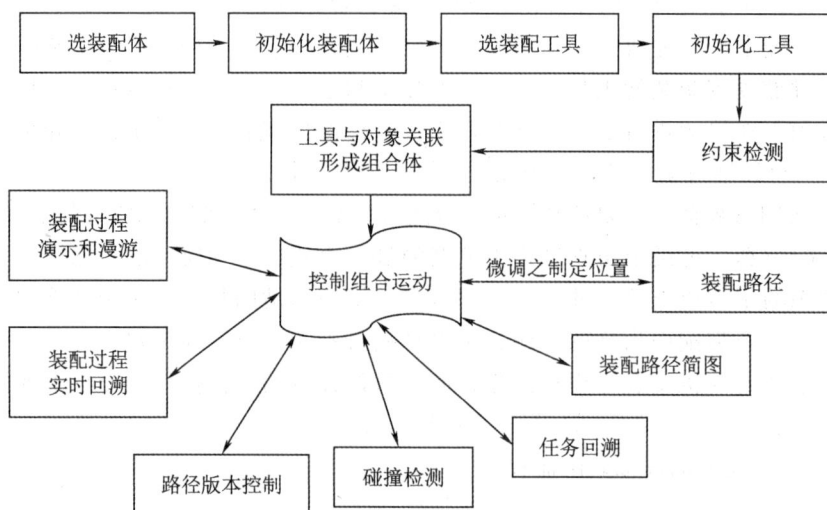

**图 7.9　虚拟装配系统体系结构**

## 7.5.2 系统功能结构

系统功能结构如图 7.10 所示，根据该功能结构我们定义了图 7.11 所示类结构。

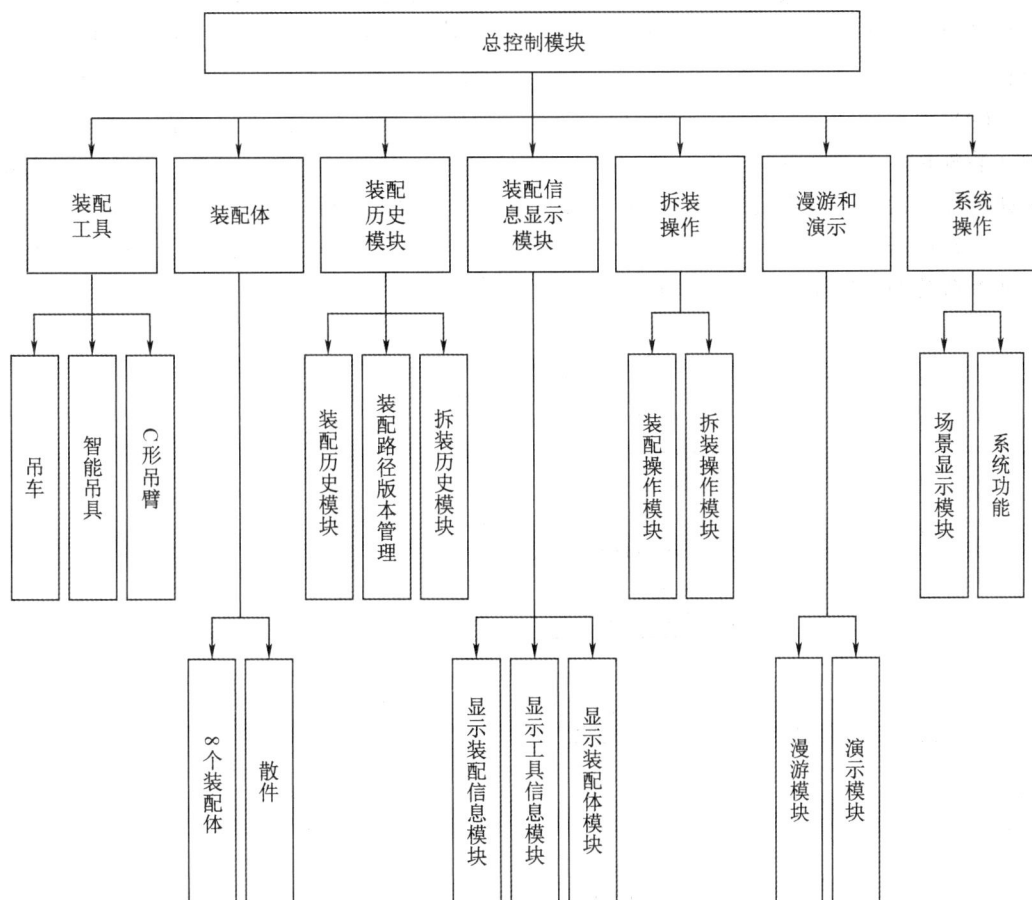

**图 7.10 系统功能结构**

（1）装配工具模块包括吊车、智能吊具、C 形吊臂、装配滑道。功能：调用所使用的装配工具，进行工具初始化。

（2）装配体模块包括 8 个装配体模块、散件。功能：调用所使用的装配体，进行工具初始化，如位置信息和约束关系，并显示在环境中。

（3）装配历史模块包括装配历史模块、拆卸历史模块、装配路径的版本管理。功能：在装配历史模块中实时记录装配的历史过程并构造装配任务链，实现基于时序关系（装配过程的时间属性）的回溯功能，从而实现装配过程的可控制性即回溯。拆卸历史模块的功能同上。装配路径的版本管理模块记录各种可能的历史装配路径，即设计者认为可行的几种装配方案。

（4）装配信息显示模块包括显示装配信息模块、显示工具信息模块、显示装配体模块。功能：实时显示装配体和装配工具的状态和子装配体信息。

（5）装拆操作模块包括装配操作模块、拆卸操作模块。功能：在装配操作模块环境下，初始条件是给定子装配体，通过键盘实时交互控制装配工具和装配体平移和转动，进行虚拟装配，并记录装配过程信息。在拆卸操作模块环境下，初始条件是给定装配体，通过键盘实时交互控制装配工具和装配体平移和转动，进行虚拟拆卸，并记录拆卸过程信息。

（6）漫游和演示模块包括漫游模块、演示模块、漫游演示模块。功能：漫游模块实现在装配体内实现漫游并实时显示装配体的位置信息。演示模块根据装卸过程信息演示装卸过程。漫游演示模块可以将漫游和演示装配过程同时进行。

（7）系统操作模块包括场景显示形式模块，如显示的颜色、系统功能模块等。功能：定义本系统的一些系统功能，如显示或隐藏帮助信息。

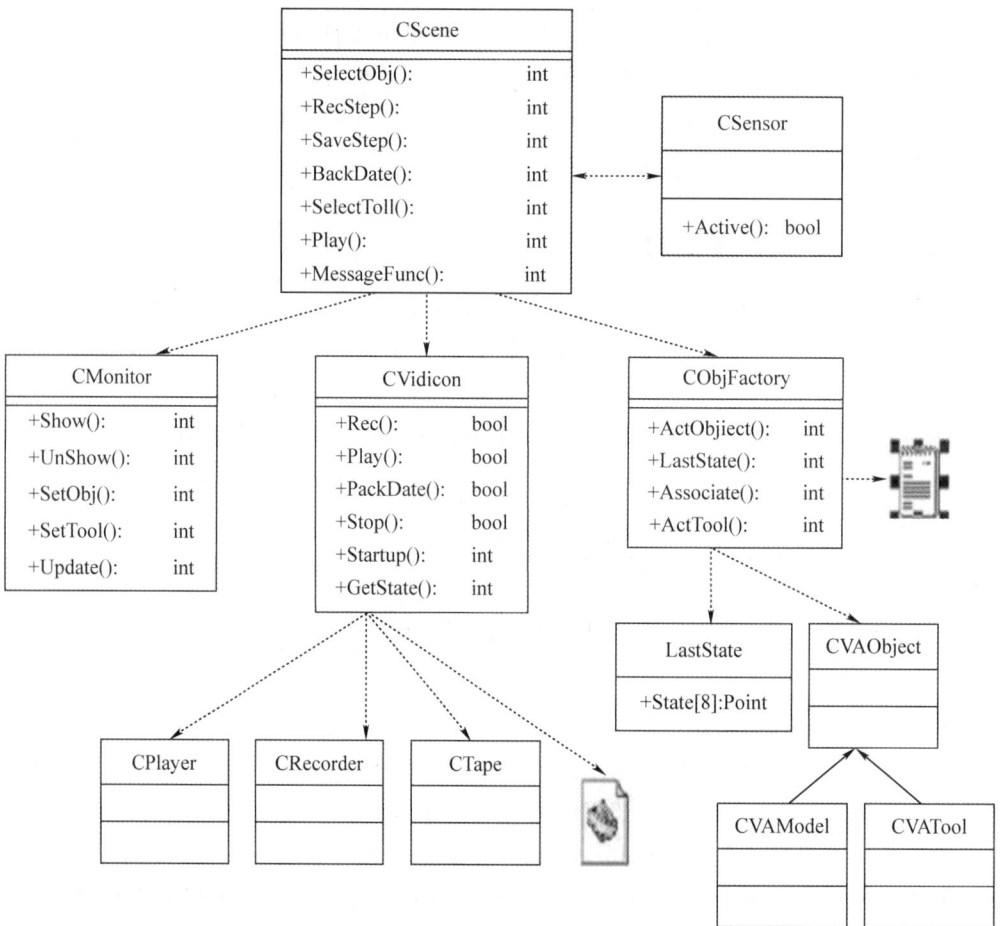

**图7.11　装配系统的类结构**

（1）CSensor：传感器类，用来接收解释外界的操作指示。功能包括调用CScene类的 MessageFunc 函数，将不能处理的消息向下传递；调用 CScene 类的 SelectObj 函数，完成选择模型的功能；调用 CScene 类的 SelectTool 函数，完成选择工具的功能；获得键盘的输入整数选择具体的模型或工具；调用 CScene 类的 RecStep 函数，开始录制；调用 CScene 类的 Play 函数，开始播放功能，调用 CScene 类的 Stop 函数，停止播放等。

（2）CMonitor：屏幕输出显示类，用于在屏幕上显示信息。其中信息包括启动/关闭信息，模型信息，工具信息，当前的 Vidicon 状态等。

（3）CObjFactory：虚拟的装配工厂类。功能包括调用 CMonitor 输入播放文件名并输出；操作工具；选择被装配对象；选择装配工具；从场景中实现回溯；控制干涉检测开关；工具和模型相匹配；根据配置文件的信息，初始化所有的 Object 和 Tool，并添加到任务链表中；初始化矢量池；模型和工具的有效性；使用配置文件初始化类时等。

（4）CVAObject：装配对象基类，描述工具和模型所具有的行为和属性，它包含两个子类 CVAModel 和 CVATool。CVAModel 为模型类，描述所有模型具有的行为和属性；CVATool 为工具类，所有的工具具有的行为和属性。

（5）CObserver：观察者类，代表观察者的视角信息。功能包括设置和获取观察者的坐标。

（6）CVidicon：录放机类，完成录制播放功能。功能包括录制开关，播放开关，停止开关，回退一步；将 Tape 上的信息保存在录制的硬盘文件上；获得、设置视角度坐标等。

（7）CTape：程序的最终输出，磁带类。功能包括创建新记录；插入移动动作；将当前链表中记录的所有信息输出为目标文件；读取记录信息；重置获得信息函数的初始值为链表首；输出录制的最后状态等。

（8）CPlayer：播放类，负责录制信息的播放。包括播放函数，暂停函数，暂停状态时支持的上一步、下一步等功能。

（9）CRecorder：录制类，负责装配信息的录制。包括向 Tape 中插入模型和工具信息，向 Tape 中插入工具移动信息、观察者移动信息等功能。

（10）CScene：场景类，是一个代表应用程序场景的抽象。功能包括播放已经录制的信息；调用录制器的录制功能；将 Tape 类中记录的装配过程链表信息记录到文件中；根据传送的对象代号选择对象和工具；停止，暂停，打开录制的文件等。

## 7.5.3　系统功能与部件的关系

（1）基本类

属性：存储路径（物体的存储位置），自由度（物体的可移动方向），位置，约束。

方法：整体平移转动，局部平移转动，初始化，显示装配工具，显示装配工具状态，约束检查。

（2）装配工具类

属性：存储路径，自由度，位置。

方法：整体平移转动，局部平移转动，初始化，显示装配工具，显示装配工具状态，约束检查。

（3）装配体类

属性：存储路径，自由度，位置，装配体结构和约束信息。

方法：整体平移转动，局部平移转动，初始化，显示装配工具，显示装配工具状态，约束检查。

（4）控制类

属性：历史任务链（静态和动态），约束图

方法：此次装配过程的控制函数，包括读写装配历史任务链，回溯，演示，控制路径版本，约束图控制。

（5）系统类

属性：系统信息。

方法：系统信息设置函数。

对象：吊车，智能臂，C形吊臂，8个装配模块和散件，控制对象。

友元函数：键盘鼠标信息转换为标准输入函数等。

## 7.5.4 虚拟拆装过程

1.装配过程

首先，通过键盘选择虚拟装配体、虚拟子装配工具，判断装配体与装配工具是否可以匹配使用。若不可以匹配则返回重新选择，若可以匹配则往下进行。对装配体与装配工具进行位置和状态的初始化，显示在屏幕左下角。用鼠标操作使虚拟装配工具和虚拟子装配体相互关联成为一个整体并使其成为选中状态，以便随后对其操作，如虚拟吊车用吊钩钩住虚拟子装配体，使装配体随着装配工具运动。

其次，选择装配操作类型，如吊车的平移或者吊塔的转动，操作所选的虚拟装配工具进行虚拟安装，用键盘控制运动类型即平动或转动，用鼠标控制视点变化。实时显示虚拟装配工具与虚拟子装配体的位置信息和状态信息(包括设计者所需要看到的足够信息)，并记录虚拟装配工具与虚拟子装配体的姿态信息和安装路径信息（由设计者确定路径的关键点或在默认情况下由计算机记录全部路径信息），在设计者需要时进行微调，以提高虚拟装配的精确度。

在操作虚拟工具进行安装的同时进行干涉检测，并用声音和文字同时显示干涉提示信息，根据干涉检测的结果进行判断：若无法安装则重新选择路径；若还是无法安装则重新选择虚拟装配工具；若仍无法安装则重新选择子装配体，即从此次子任务初始状态重新开始；若仍无法安装则回溯到上一级的装配任务。在装配过程中可以根据装配任务链，通过历史回溯返回装配过程的任意一步，直至开始阶段。安装成功即形成最终装配体后，保存装配信息，装配信息包括选择的虚拟装配工具、虚拟子装配体、对虚拟装配工具的操作（平动和转动）、子装配体的路径信息和装配序列。

最后，以上操作结束后进行虚拟装配过程的演示和对最终装配场景进行漫游，也可实现装配过程中（即没有完成总装配时）的演示和漫游。

装配过程流程图如图7.12所示。

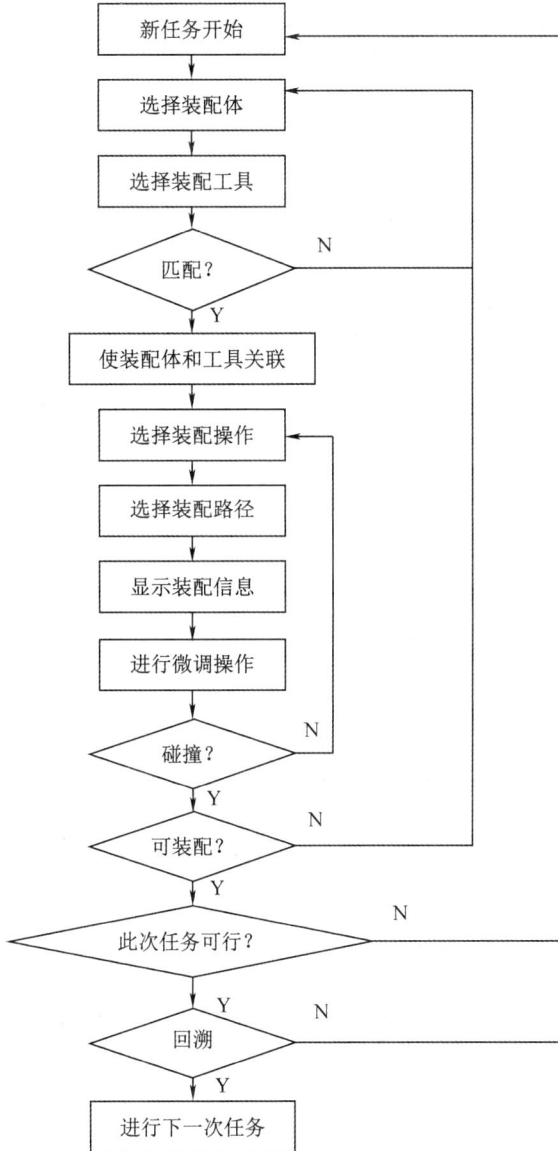

```
              ┌─────────────┐ ◄──────────────────┐
              │  新任务开始   │                    │
              └──────┬──────┘                     │
                     ▼                            │
              ┌─────────────┐ ◄────────────┐      │
              │  选择装配体   │             │      │
              └──────┬──────┘              │      │
                     ▼                     │      │
              ┌─────────────┐              │      │
              │  选择装配工具  │             │      │
              └──────┬──────┘              │      │
                     ▼          N          │      │
                   ◇ 匹配? ◇ ───────────────┼──────┤
                     │ Y                   │      │
                     ▼                     │      │
              ┌─────────────┐              │      │
              │使装配体和工具关联│           │      │
              └──────┬──────┘              │      │
                     ▼                     │      │
              ┌─────────────┐ ◄────┐       │      │
              │  选择装配操作  │     │       │      │
              └──────┬──────┘      │       │      │
                     ▼             │       │      │
              ┌─────────────┐      │       │      │
              │  选择装配路径  │     │       │      │
              └──────┬──────┘      │       │      │
                     ▼             │       │      │
              ┌─────────────┐      │       │      │
              │  显示装配信息  │     │       │      │
              └──────┬──────┘      │       │      │
                     ▼             │       │      │
              ┌─────────────┐      │       │      │
              │  进行微调操作  │     │       │      │
              └──────┬──────┘      │       │      │
                     ▼      N      │       │      │
                   ◇ 碰撞? ◇ ───────┘       │      │
                     │ Y                   │      │
                     ▼        N            │      │
                  ◇ 可装配? ◇ ──────────────┘      │
                     │ Y                          │
                     ▼            N               │
             ◇ 此次任务可行? ◇ ────────────────────┤
                     │ Y      N                   │
                     ▼                            │
                  ◇ 回溯 ◇ ──────────────────────┘
                     │ Y
                     ▼
              ┌─────────────┐
              │ 进行下一次任务 │
              └─────────────┘
```

**图7.12 装配过程流程图**

## 2.拆卸过程

虚拟拆卸的初始条件为已有最终装配体模型，却没有进行干涉检测。通过键盘调出最终虚拟装配体并初始化其位置，选择装配工具和确定预拆卸子装配体，操作装配工具使其到达子装配体附近，使装配工具与子装配体相关联，然后控制工具进行拆卸操作，实时显示工具与子装配体的状态信息。

拆卸过程的同时进行干涉检测，根据检测结果若无法拆卸则重新选择路径，若还是无法拆卸则重新选择工具和子装配体。在拆卸过程中可以通过历史回溯返回上一步，直到开始状态。拆卸成功即所有子装配体从装配环境中移走，保存拆卸信息，其中拆卸信息包括选择的虚拟拆卸工具、虚拟子装配体、对虚拟拆卸工具的操作、子装配体的路径信息和拆卸序列。根据装配体拆卸的可逆性，演示装配过程。

拆卸过程流程图如图 7.13 所示。

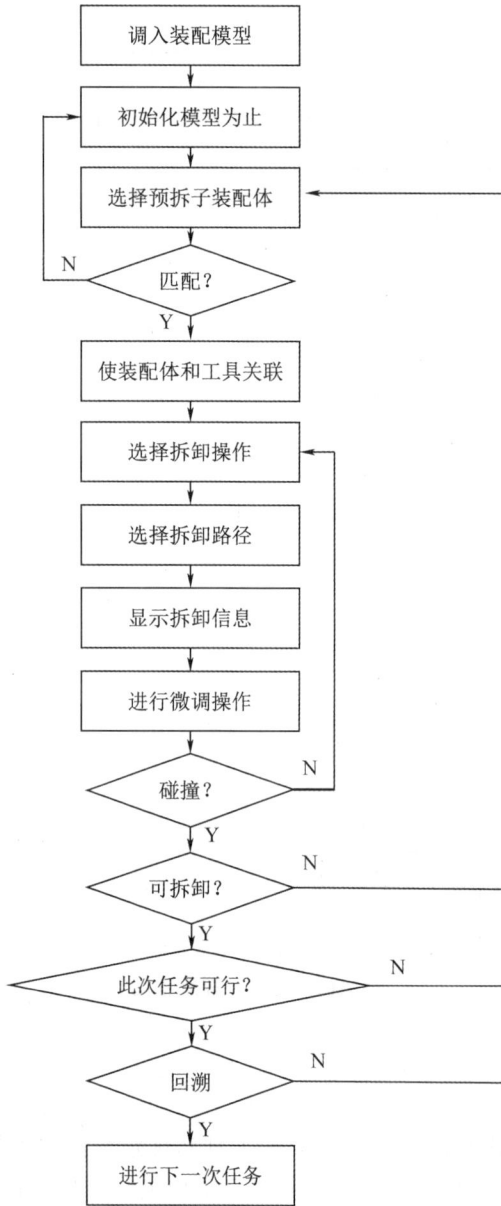

图 7.13 拆卸过程流程图

# 7.6 舱室装配原型系统仿真结果

**1.系统的软硬件环境**

仿真实验在硬件方面包括一台普通PC、一台高分辨率显示器。

使用CADDS5构建舱段装配体模型，模型数据转换为舱室装配系统需要的OpenFLT模型，使用Vega应用程序的图形式用户界面Lynx对舱室装配环境的参数进行设置，创建相应的ADF文件，利用C＋＋和Vega函数库编程实现舱段装配系统的各项功能。

**2.仿真结果**

在舱室装配过程中，可以进行友好的人机交互控制，通过键盘（数据手套等交互设备）选择舱段装配体和相应的装配工具，根据生成的装配工艺规划序列和装配路径规划提供的装配路径，将装配体以规划好的先后顺序从起始位置移动到目标位置进行安装，并实时显示装配体的位置信息和状态信息。

将装配过程信息全部记录在装配任务链表中，并对装配任务链表进行管理。采用双向链表，装配任务的数据结构由装配序列标识、装配对象、装配工具、装配路径、装配视角构成。每个子装配体的装配过程构成一个装配任务，各个装配任务构成装配任务链表。

仿真效果如图7.14所示，图7.14显示了舱段装配体（发动机模型）和装配工具（吊钩）完成匹配，信息栏上显示"Associate Success"字样。图7.15为多模型的舱室装配过程，如果需要改变当前场景的视点状态，按下Tab键。

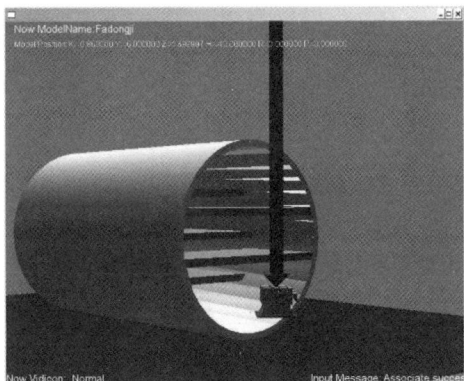

图7.14　装配体和装配工具匹配　　　　图7.15　多模型的舱室装配过程

整个装配过程可以被录制和播放。在录制过程中和录制完成后都可以进行漫游，且漫游过程中实施场景调度，使装配场景可以实时加载。

按R键进入录制状态，（屏幕左下角显示"Now Vidicon:Rec"），如图7.16所示。按P键可以播放当前操作的所有步骤。装配完毕后，按F2键，在屏幕右上角显示"Save File"输入文件（如f1），保存录制磁带。

按 F 键播放已录制好的文件，在屏幕右上角显示"Open File"，输入已录制的磁带文件名（如 f1），进入到播放状态（屏幕左下角显示"Now Vidicon:Plav"），如图 7.17 所示。

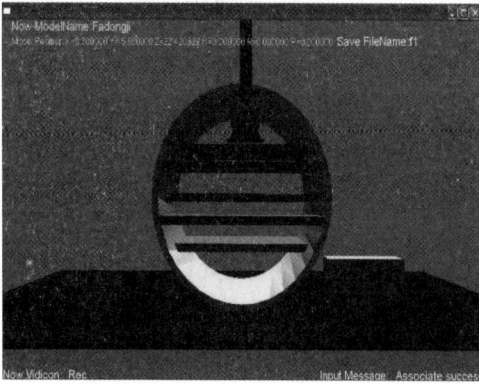

图 7.16　录制装配过程

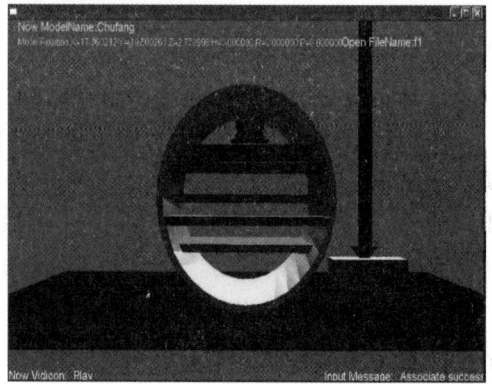

图 7.17　播放装配过程

## 7.7 本 章 小 结

本章构建了一个典型的舱室装配系统，提出了该装配系统的构建思想和体系结构；并采用内存调度策略、多线程的运动控制完善系统性能。采用基于相对位置的干涉剔除，提出了基于径向基神经网络的场景调度策略。本章最后给出了舱室装配原型系统的仿真。

# 第**8**章
## 结 论

　　装配规划是当前舱室装配领域研究中一个新的、尚处于探索阶段的课题，具有很高的学术研究和实际应用价值，近几年来虽然取得了不少研究成果，还没有比较完善的理论与方法。因此，结合省科技厅攻关项目"通用舱室装配平台"，本书对基于智能计算的舱室装配规划及相关技术进行了研究，建立了面向装配规划的产品层次信息模型；研究了基于改进蚁群算法的装配序列规划；针对结构较为复杂的装配体，结合遗传算法和蚁群算法各自的优势，提出遗传蚁群算法进行装配序列规划；在序列规划的基础上，提出遗传算法结合栅格进行装配路径规划；最后，本书设计并实现了一个舱段舱室装配原型系统。本书的主要创新工作如下。

　　（1）针对舱室装配过程的复杂性，提出面向装配规划的产品层次信息模型，将零件模型信息依次存储在零件属性层、面片显示层、装配关系层及过程信息层。层次信息模型利于装配系统依据不同的装配任务对各个层级的模型信息进行读取，使系统获得更快的模型显示速度及装配规划速度，从而提高装配效率。

　　（2）针对舱室装配序列求解过程中出现的"组合爆炸"现象，在建立拆卸干涉矩阵的基础上，提出改进蚁群算法求解装配序列，算法主要进行两点优化：只有在一次迭代循环中找到最优拆卸序列的蚂蚁在相应的路径上增加全局信息素；选取蚂蚁个数等于初始可行拆卸操作的数目。在改进蚁群算法中，零件间的较强约束减少了算法初始可行候选的拆卸操作，局限了选择问题的解空间，算法效率明显提高。

　　（3）针对结构较为复杂的装配体，结合遗传算法和蚁群算法求解装配序列的特点，提出遗传蚁群混合算法求解最优装配序列。算法的主要思想：每当蚂蚁完成一次周游，将蚂蚁构建的可行序列加入遗传算法初始种群，遗传算法对该可行装配序列进行全局优化，并依据优化后生成解的质量在对应路径上释放相应浓度的信息素，如此循环交叉调用遗传算法和蚁群算法，使遗传蚁群算法求精能力明显提高，取得了装配序列求解速度和精度的双赢。

　　（4）针对复杂装配空间中传统搜索算法代价函数建模难度较大这一不足，提出了遗传算法与栅格相结合进行装配路径规划，栅格表示装配体位置及空间环境地图，栅格路径序号不是传统二进制作为种群个体编码；规定种群个体为8个方向运动规则约束下的最短装配路径；适应度函数转换为寻找最优装配路径。利用已得到的装配路径逼近当前最优装配路径，提高了算法的搜索效率，同时有效避免了传统搜索算法的局部极小值问题。

基于智能计算的装配规划研究是舱室装配领域的研究热点，同时也是一个很庞大的领域，本书围绕该领域展开了一些研究工作，但限于时间和个人能力等因素的制约，在研究的广度和深度上还有很多地方需要完善，主要对以下三个问题继续深入研究：

（1）本书对拆卸序列的研究只考虑了零件沿着坐标轴方向的平动，零件的转动通过平动组合而成，这只是一种理想状态。因为，虽然装配体大部分零件的拆卸是沿着坐标轴方向，但是形状不规则的零件拆卸方向很可能与坐标轴不平行。且拆卸后零件的移出方向也未必与坐标轴平行，这样缩小了零件拆卸后的移出空间。在接下来的研究中，我们将考虑拆卸方向如何进行自动识别，而不是规定拆卸方向与坐标轴平行。

（2）本书所研究的装配序列规划算法对实际装配中较多的目标零件规划同样适合，但限于时间的原因没有进行深入探讨。在接下来的研究中，将展开对选择性装配序列进行研究。

（3）本书所研究的装配路径规划只考虑了装配空间中障碍物已知情况下的全局装配路径规划，接下来我们将进一步研究动态障碍情况下的装配路径规划。

# 附　录　A

## APPENDIX　A

## A.1 数据结构设计

逻辑结构设计要点：采用面向对象的设计思想，统一控制模型对象和信息传递。

（1）数据结构1：装配体使用装配树结构记录，装配体树形结构图如图A.1所示。装配体结构：装配体名称，子装配体指针。

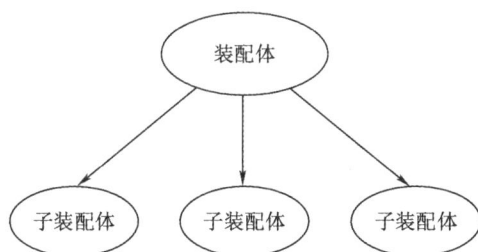

**图 A.1　装配体树形结构图**

（2）数据结构2：装配任务采用链式存储结构。链式存储结构：头装配任务结构，子装配任务结构，如图A.2所示。

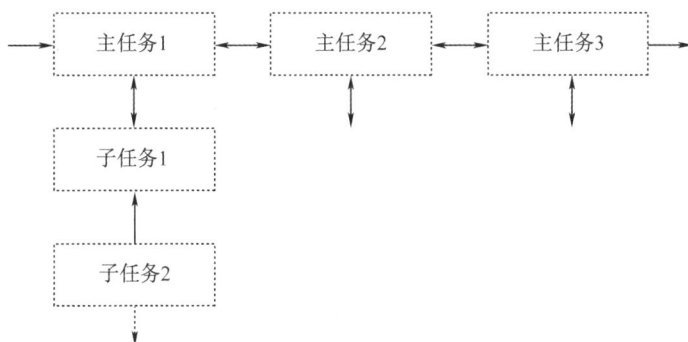

**图 A.2　装配任务的链式存储结构**

主装配任务结构：主装配序列标识，任务类型，任务对象，位置，装配时间，环境状态，后续指针，前续指针，子指针。

子装配任务结构：子装配序列标识，任务类型，任务对象，运动类型，装配时间，环境状态，后续指针，前续指针。

（3）数据结构3：装配路径版本采用链式存储结构，如图A.3所示

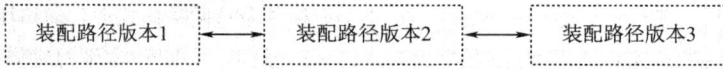

**图A.3　装配路径版本的链式存储结构**

# A.2 程序的组织结构

主程序结构如下：

建立系统对象

初始化系统

建立线程

建立控制对象

初始化控制对象

进入循环

获得输入将输入转换成标准情况并判断

情况1选择装配工具

{

情况11调入装配体1，约束检查，进行初始化对象

…

…

…

情况1$n$调入装配体$n$，约束检查，进行初始化对象

若装配体已经选择，则和装配体关联，并成为一体

写装配任务

}

情况2选择装配体

{

情况21调入装配体1，约束检查，进行初始化对象

…

…

…

情况2$n$调入装配体$n$，约束检查，进行初始化对象

若装配工具已经选择，则和装配工具关联，并成为一体

写装配任务

}

情况 3 装拆操作

{

情况 31 装操作

{

情况 311 通过键盘进行工具和装配体的平移

{

进行干涉检测

若无干涉则继续运动，且调用对象—〉平移运动

将信息写入装配任务链（区分子任务和主任务）， 直到停止移动

若有干涉则停止平移，且现实提示信息

（接受其他键盘消息如历史回溯）

}

情况 312 通过键盘进行工具和装配体的转动，

{

进行干涉检测

若无干涉则继续运动，且调用对象—〉平移运动

将信息写入装配任务链（区分子任务和主任务），

直到停止移动

若有干涉则停止平移，且现实提示信息

（接受其他键盘消息如历史回溯）

}

判断装配任务是否结束

若结束，则保留当前状态，从新选择工具和装配体

若未结束，则继续装配

}

判断装配任务是否结束

情况 32 拆操作

{

}

}

情况 4 显示装拆历史

{

调用控制对象—〉显示装拆历史任务链

选择要回溯到的任务编号

调用控制对象—〉回溯

路径版本管理

}

情况 5 装配信息显示

情况 51 显示装配信息

{

对象—〉显示装配当前信息

}

情况 52 显示工具信息

{

对象—〉显示装配工具信息

}

情况 53 显示装配体信息

{

对象—〉显示装配体信息

}

情况 6 漫游和装配演示

情况 61 漫游

{

若装配未结束，则当前装配信息保存至任务链，使场景静止
调用控制对象—〉漫游

}

情况 62 演示

{

若装配未结束，则当前装配信息保存至任务链，使场景静止
调用控制对象—〉漫游

}

情况 63 演示同时漫游

{

若装配未结束，则当前装配信息保存至任务链，使场景静止
调用控制对象—〉漫游
调用控制对象—〉演示

}

情况 7 系统设置

{

系统设置函数

}

情况 8 装配过程简图打印
{
选择打印的版本号
}

# 参考文献

## REFERENCES

[1] 孙宇.我国虚拟制造技术发展策略浅析[J].CAD/CAM 与制造业信息化，2005(1)：81-82.

[2] 陈瑶瑶，刘永霞，符纯明，等.虚拟装配技术的发展现状分析[J].机械工程与自动化，2020，12(6)：220-222.

[3] 李宏.虚拟装配技术的研究现状与发展趋势[J].现代制造工程，2004(12)：114-116.

[4] YUAN X B，YANG S X. Virtual Assembly with Biologically Inspired Intelligence [C].IEEE Transactions on Systems，Man，and Cybernetics Part C：Applications and Reviews，2008，33(2)：159-167.

[5] YE N，BANERJEE P，BANERJEE A，et al. A Comparative Study of Assembly Planning in Traditional and Virtual Environments[C]. IEEE Transactions on Systems，Man，and Cybemetics Part C：Applications and Reviews，1999，29 (4)：546-555.

[6] GRANDL R.Virtual process week in the experimental vehicle build at BMW AG[J]. Robotics and Computer Integrated Manufacturing，2005，17(2)：65-71.

[7] ABE N.Verification of assemblability of mechanical parts an visualization of machinery of assembly in virtual space[C]//Proceedings of International Conference on Virtual Reality and Tele-Existence.Tokyo：[s.n.]，2007.

[8] PENG Q，HALL F R，LISTER P M.Application and evaluation of VR-based CAPP system[J]. Journal of Materials Processing Technology，2000，107(11)：153-159.

[9] 肖田元，韩向利，张林煊.虚拟制造内涵及其应用研究[J].系统仿真学报，2005，13(1)：118-123.

[10] 曾理，张林煊，肖田元.一个虚拟装配支持系统的实现[J].系统仿真学报，2002，14(9)：1149-1154.

[11] 万华根，高曙明，彭群生.VDVAS：一个集成的虚拟设计与装配系统[J].中国图像图形学报，2002，7 (1)：29-37.

[12] 万华根，基于虚拟现实的 CAD 方法研究[D].杭州：浙江大学，1999.

[13] SCHMITZ B. Virtual reality：on the brink of greatness[J]. Computer Aided

Engineering，2008，12(4)：26-32.

[14] ZHANG S Y，LIU Z Y，TAN J R.Research of guidance technology for assembly modeling in virtual environment[J]. Chinese Journal of Mechanical Engineering，2007，14(2)：139-143.

[15] GHOLIPOUR A，ARJMAND N. Artificial neural networks to predict 3D spinal posture in reaching and lifting activities；applications in biomechanical models[J]. Journal of Biomechanics，2016，49(13)：2946-2952.

[16] HOMEM DE M.A correct and complete algorithm for the generation of mechanical assembly sequences[J].IEEE Transaction Robotics and Automation，1991，2(7)：228-240.

[17] BAURJAULT A. Contributionune approche methodologique de I'assemblage automatise：elaboration automatique des sequences operatiores[J]. Thesis d'Etat Universite de Franche-Comte，Besancon，Frace，1984，3(6)：640-658.

[18] WHINEY DE，DE FAZIO TL.Correction to simplofied generation of all mechanical assembly sequences[J].IEEE Journal of Robotics and Automation，2006，4(6)：640-658.

[19] HOMEM DE M，LEE S.Computer-aided mechanical assembly planning[J].Boston：Kluwer Academic Publisher，2002，3(4)：203-209.

[20] SANDERSON A，HOMEM DE M.And/or graph repreaentation of assembly plans [J].IEEE Transactions on Robotics and Automation，1998，6(2)：188-199.

[21] HUANG Y F，LEE C S. Precedence knowledge in feature mating operation assembly planning[C]//Proceedings of IEEE International Conference on Robotics and Automation.Scottsdale：[s.n.]，2003：216-221.

[22] CONNACHER H I，JAYARAM S，LYONS K W. Virtual assembly design environment [C]//Proceedings of 2001 ASME Computers in Engineering Conference and Engineering Database Symposium.Boston：[s.n.]，2004：26-32.

[23] CHENG C. Research on construction of mating perception in virtual assembly[J]. Jouranl of Computer Research and Developmnet，2002，39(10)：1331-1336.

[24] LOZANO-PEREZ T.A simple motion—planning algorithm for general robot manipulators[C].IEEE J of Robotics and Automation，1987，RA-3(3)：224-238.

[25] 张钹，张铃.无碰路径规划的拓扑方法[J].计算机学报，1990(12)：881-889.

[26] KHATIB O.Real-time obstacle avoidance for manipulators and mobile robots[J]. International Journal on Robotics Research，1986，5(1)：90-98.

[27] 熊巍，王清辉，李静蓉.面向虚拟装配的层次化交互手势技术[J].华南理工大学学报（自然科学版），2016，44(1)：78-84.

[28] 刘检华，宁汝新，万毕乐.面向虚拟装配的复杂产品路径规划技术研究[J].系统仿真学报，2007，5(19)：2003-2007.

[29] 邵毅，余剑峰，李原.基于VMap的装配路径规划研究与实现[J].西北工业大学学报，2007，2(19)：118-121.

[30] DEEPAK B，MURALI G B，BAHUBALENDRUNI M R，et al. Assembly sequence planning using soft computing methods：a review[J]. Proceedings of the Institution of Mechanical Engineers，Part E：Journal of Process Mechanical Engineering，2019，233(3)：653-683.

[31] MURALI G B，DEEPAK B，RAJU M，et al.Optimal robotic assembly sequence planning using stability graph through stable assembly subset identification[J]. Proceedings of the Institution of Mechanical Engineers，2019，233(15)：5410-5430.

[32] HONG D S，CHO H S. Neural-network based computational scheme for generating optimized robotic assembly sequences[J]. Engineering Applications of Arbificial Intelligence，2005，8(2)：129-145.

[33] 廖小云，陈湘风.基于遗传算法的自动装配顺序规划[J].重庆大学学报，2006，23(5)：17-20.

[34] GUAN Q，LIU J H，ZHONG Y F.A concurrent hierarchical evolution approach to assembly process planning[J].International Journal of Production Reasearch，2007，40(14)：3357-3374.

[35] CAO Y，HUANG L，LI Z X，et al.Research on the optimal design technology of a digital assembly sequence based on an internet of things data collection framework[J]. Proceedings of the Institution of Mechanical Engineers，Part B：Journal of Engineering Manufacture，2021，235(4)：715-725.

[36] HONG D S，CHO H S.Generation of Assembly Sequences Using A Simulated Annealing [C]//Proceedings of the IEEE/RSJ International conference on Intelligent Robotic and Systems.[s.l.：s.n.]，2002：1247-1252.

[37] 谢龙，付宜利，马玉林.基于蚁群算法的装配序列生成策略[J].哈尔滨工业大学学报，2006，2(38)：180-183.

[38] ILYANI S. Phantom assembly tool cuts manufacturing lead times，increases cost efficiency[J].Industrial and Systems Engineering at Work，2021，53(3)：44-48.

[39] STUTZLE T，DORIGO M.A short convergence proof for a class of ant colony optimization algorithms[J].IEEE Transactions on Evolutionary Computation，2002，6(4)：358-365.

[40] MCMULLEN P R. An ant colony optimization approach to a JIT sequencing problem with multiple objectives[J].Artificial Intelligence in Engineering，2001，15(3)：307-309.

[41] JAYARAM S. A virtual assembly design environment[C]//Proceedings of IEEE Virtual Reality.Houston，TX：[s.n.]，1999：172-179.

[42] TKINDT V，MONMARCHE N. An ant colony optimization algorithm to solve a

machine bicriteria flow shop‑scheduling problem[J].European Journal of Operational Research，2002，142(3)：250-257.

[43]CONNACHER H I，JAYARAM S.Virtual assembly design environment [C]// Proceedings of the Computers in Engineering Conference and the Engineering Database Symposium：ASME.[s.l.：s.n.]，2007：874 883.

[44]张林煊，童秉枢，王春河，等.一种实用的综合集成DFA系统的研究[J].清华大学学报（自然科学版），2002，38(11)：69-72.

[45]刘江伟.复杂产品多工位装配序列规划方法研究[D].南京：南京航空航天大学，2018.

[46]BOURJAULT A，ISHIR K.Life‑cycle engineering design[J].Transactions on Robotics and Automation，1989(5)：216-221.

[47]SHAH J，TADEPAILLI R.Feature based assembly modeling[J].Computers in Engineering ASME，1992(1)：253-260.

[48]李健，唐忠民，王凯.基于特征的产品装配建模系统[J].制造业自动化，2000(12)：70-75.

[49]JAYARAM S，CONNACHER H I，LYONS K W.Virtual assembly using virtual reality techniques[J].Computer Aided Design，2007，29(8)：575-584.

[50]张瑞龙.基于遗传算法的飞机结构件装配序列优化及虚拟装配仿真研究[D].沈阳：沈阳理工大学，2020：71-72.

[51]刘振宇，谭建荣.面向虚拟装配的产品层次信息表达研究[J].计算机辅助设计与图形学学报，2001，13(3)：223-228.

[52]侯晓林，张申生，步丰林.并行工程中的产品装配模型[J].计算机辅助设计与制造，1998(11)：14-16.

[53]袁波，周韵，胡事明，等.层次化等元装配模型[J].计算机辅助设计与图形学学报，2003，12(6)：450-454.

[54]HOMEM M L，SANDERSON A C.A correct and complete algorithm for the generation of mechanical assembly sequences[J].IEEE Transaction on Robotics and Automation，2007.

[55]KIM Y J，LIN M，MANOCHA D.Fast penetration depth estimation using rasterization hardware and hierarchical refinement[C]//Symposium on Computational Geometry.[s.l.：s.n.]，2008：386-388.

[56]KAPLAN，SCOTTE.Collecting whole‑system reference traces of multi programmed and multithreaded workloads[C]//Proceedings of the Fourth International Workshop on Software and Performance.[s.l.：s.n.]，2009：228-237.

[57]ATSUKO E，NARIAKI Y，YOSHIO Y.Process knowledge integrated assembly sequence planning for control panel[J].International Journal of Automation Technology，2020，14(1)：6-17.

[58] VAN STRIJIP C J, LANGEN H, ONOSATO M. The application of a haptic interface on microassembly[J]. 14th Symposium on Haptics Interfaces for Virtual Environment and Teleoperator Systems, 2006: 289-293.

[59] SODHI R, TURNER J U. Towards modeling of assemblies for product design [J]. Computer-Aided Design, 2008, 2(26): 85-97.

[60] ALIEV K, ANTONELLI D, BRUNO G. Task-based programming and sequence planning for human-robot collaborative assembly[J]. IFAC-Papers On Line, 2019, 52(13): 1638-1643.

[61] BROUGH E J, SCHWARTZ M, GUPTA K S. Towards the development of a virtual environment-based training system for mechanical assembly operations [J]. Virtual Reality, 2007, 11(4): 189-206.

[62] CHEN X W, XU N, LI Y. A virtual environment for collaborative assembly [C]// Proceedings of the Second International Conference on Embedded Software and Systems.[s.l: s.n.], 2005: 441-448.

[63] CHE Z H. A multi-objective optimization algorithm for solving the supplier selection problem with assembly sequence planning and assembly line balancing[J]. Computers & Industrial Engineering, 2017, 105(Complete): 247-259.

[64] SON S, LEE S, KIM J W. A delay compensation scheme based on prediction for networked haptic collaboration system[C]. Proceedings of SPIE, 2007: 1-10.

[65] 隋爱娜, 吴威, 赵沁平. 虚拟装配与虚拟原型机的理论与技术分析[J]. 系统仿真学报, 2000, 4(12): 127-132.

[66] SZELISKI R, SHUM H Y. Creating full view panoramic image mosaics and texture-mapped models[C]. Computer Graphics. 2005(8): 251-258.

[67] TANG Q H, WEI G Q, CHEN D F, et al. Researchin to virtual assembly system based on WTK[J]. Journal of Wuhan University of Technology (Transport and Engineering), 2005, 2(26): 323-326.

[68] 刘振宇. 面向过程与历史的虚拟环境中产品装配建模理论、方法及应用研究[D]. 杭州: 浙江工业大学, 2001: 37-47.

[69] ZHOU P Y, HAN D. A connector-based hierarchical aooroach to assembly sequence planning for mechanical assemblies[J]. Computer-Aided Design, 2003, 35(1): 38-56.

[70] 田立中, 付宜利, 马玉林, 等. 装配序列规划中拆卸方向的确定[J]. 计算机辅助设计与图形学学报, 2001, 13(12): 1110-1113.

[71] 唐溯飞, 石淼, 李明树. 一个基于知识的装配序列规划[J]. 计算机研究与发展, 2003, 30(10): 63-66.

[72] 魏巍, 郭晨, 段晓东. 基于蚁群遗传混合算法的装配序列规划方法[J]. 系统仿真学报, 2014, 26(8): 1684-1691.

[73] 章小红, 李世其, 王峻峰. 基于蚁群算法的产品拆卸序列规划算法[J]. 计算机辅助

设计与图形学学报，2007，3(19):387-390.

[74] 吴羿，崔汉国.基于图论和蚁群算法的虚拟装配序列规划研究[J].计算机工程与设计，2009，30(9):2270-2274.

[75] 夏平均，姚英学，刘江省.基于虚拟现实和仿生算法的装配序列优化[J].机械工程学报，2007，4(43):44-47.

[76] LUO Q，XIAO J. Physically accurate haptic rendering and virtual assembly [J]. Transactions of the North American Manufacturing Research Institute of SME，2004(32):231-238.

[77] BULLINGER H J，RICHTER M，SEIDEL K A. Virtual assembly planning[J]. Human Factors and Ergonomics in Manufacturing，2007，10 (3):331-341.

[78] 张林煊，童秉枢.并行工程中的装配仿真系统及其关键技术研究[J].计算机辅助设计与图形学学报，1999，11(2):163-167.

[79] GALLEGOS-NIETO E, MEDELLÍN-CASTILLO H I, GONZÁLEZ-BADILLO G，et al. The analysis and evaluation of the influence of haptic‐enabled virtual assembly training on real assembly performance[J]. The International Journal of Advanced Manufacturing Technology，2017，89(1-4):581-598.

[80] KIM L，PARK S H.Haptic interaction and volume modeling techniques for realistic dental simulation[J].Visual Computer，2006，22(2):90-98.

[81] CHRISTIAN B，MARCO D.The hyper‐cube framework for ant colony optimization[J].IEEE Symposium on Emerging Technology and Factory Automation，2004: 1161-1172.

[82] 张森森，金国栋，王五桂，等．船舶操纵模拟器三维视景场景构建及碰撞检测[J]．船电技术，2020，40(S1)：24-27.

[83] DORIGO M.Optimization，learning and natural algorithms[D].Milano：Politecnico di Milano，1992.

[84] FAILLI F，DINI G.Ant colony systems in assembly planning:a new approach to sequence detection and optimization[C]//Proceedings of the 2nd CIRP International Seminar on Intelligent Computation in Manufacturing Engineering. Capri：[s. n.]，2000:227-232.

[85] WANG J F，LIU J H，LI S Q. Intelligent selective disassembly using the ant colony algorithm artificial[J]. Intelligence for Engineering Design，Analysis and Manufacturing，2003，17(4):325-333.

[86] DORIGO M，MANIEZZO V，COLORNI A.The ant system:optimization by a colony of cooperating agents[J]. IEEE Transactions on Systems，Man，and Cybernetics：Part B，1996，26(1):29-41.

[87] 曹玉君.基于遗传算法的装配序列规划[D].长沙:国防科学技术大学，2004，11: 48-49.

[88] CAO P B, XIAO R B.Assembly planning using a novel immune approach [J].Int Advanced Manufacturing Technology, 2006(2): 770-782.

[89] 宁黎华, 古天龙, 钟艳如.装配序列规划的一种改进蚁群算法[J].桂林电子工业学院学报, 2005(12), 25(6): 36-40.

[90] WANG J F, LIU J H, ZHONG Y F, A novel ant colony algorithm for assembly sequence planning[J].Advanced Manufacturing Technology, 2004(2): 1137-1143.

[91] 廖小云, 陈湘凤.基于遗传算法的自动装配顺序规划[J].重庆大学学报, 2000, 9, 23(5): 17-19.

[92] 周开俊, 李东波, 黄希.基于遗传算法的装配序列规划研究[J].机械设计, 2006, 2, 23(2): 30-32.

[93] 熊志辉, 李思昆, 陈吉华.遗传算法与蚂蚁算法动态融合的软硬件划分[J].软件学报, 2005, 14(4): 503-512.

[94] LAZZERINI B, MARCELLONI F.A genetic algorithm for generation optimal assembly plans[J].Artificial Intelligencein Engineering, 2000, 14 (4): 319-329.

[95] BONNEVILLE F, PERRARD C, HENRIOUD J M.A genetic algorithm to generate and evaluate assembly plans[C]//IEEE Symposium on Emerging Technology and Factory Automation.NewJersey: IEEE Press, 1995: 231-239.

[96] CHEN S F.Assembly planning genetic approach[C]//IEEE Conference on Robotics and Automotion.New Jerse: IEEE Press, 1999: 307-313.

[97] DINI G, FAILI F, LAZZERINI B, et al.Generation of optimized assembly sequences using genetic algorithms[C]//Annals of the CIRP.Berbe: CIRP Publishers, 2001: 17-20.

[98] LAZZERINI B, MARCELLONI F.A genetic algorithm for generating optimal assembly plans[J].Artificial Intelligence in Engineering, 2003, 14: 319-329.

[99] 王辉, 向东, 段广洪.基于蚁群算法的产品拆卸序列规划研究[J].计算机集成制造系统, 2006, 12(9): 1431-1437.

[100] CHUNG C H, QING Q G.An integrated approach to selective disassembly sequence planning[J].Robotics and Computer Integrated Manufacturing, 2005(21): 475-485.

[101] SEO K K, PARK J H, JANG D S.Optimal disassembly sequence using genetic algorithms considering economic and environmental aspects[J].International Journal of Advanced Manuf Technol, 2001(18): 371-380.

[102] SMITH S S F, SMITH G C, LIAO X Y.Automatic stable assembly sequence generation and evaluation[J].Journal of Manufacturing Systems, 2001, 20(4): 225-235.

[103] 曾洪鑫, 宾鸿赞, 张芬.多品种装配顺序的一种改进遗传算法[J].华中科技大学学报, 2006, 34(3): 39-41.

[104] BIERWIRTH C，MATTFELD D C.Production scheduling and rescheduling with genetic algorithms[J].Evol Comput，2003，7(1):1-18.

[105] 周明，孙树栋.遗传算法原理及应用[M].北京:国防工业出版社，1999.

[106] ACAN A.GAACO:A GA＋ACO hybrid for faster and better search capability[C]// Proceedings of the 3rd International Workshop on ant Algorithms/ANTS2002，Lecture Notes in Computer Science.Brussels：[s.n.]，2002:300-301.

[107] 丁建立，陈增强，袁著祉.遗传算法与蚂蚁算法的融合[J].计算机研究与发展，2003，40(9):1351-1356.

[108] 力娟，王良俊，王汝传.改进的蚁群算法及其在TSP中的应用研究[J].通信学报，2004，25(10):111-116.

[109] TSENG H E.Guided genetic algorithms for solving lager constraint assembly problem[J].Inetrnational Journal Production Research，2006，44(3):601-625.

[110] GONG D X，RUAN X G.A hybrid approach of GA and ACO for TSP[C]// Proceedings of the 5th World Congress on Intelligent Control and Automation.Hangzhou：[s.n.]，2004:2068-2072.

[111] HONMEN MLLO L S，SANDERSON A C.A correct and complete algorithm for the generation of mechanical assembly sequences[J].IEEE Transaction on Robotics and Automation，2003:259-275.

[112] CHUNG J，LEE K.A framework of collaborative design environment for injection molding[J].Computers in Industry，2002，47:319-337.

[113] 田立中，付宜利，马玉林.装配路径规划中基于动态坐标的A*搜索算法[J].计算机集成制造系统，2002，4(8):316-319.

[114] 顾国昌，付岩，刘海波.基于遗传模拟退火算法的水下机器人路径规划[J].哈尔滨工程大学学报(自然科学版)，2005，26(1):84-87.

[115] KAZUO S.Research of assembly path planning based genetic algorithm[C]// Proceedings of the 2001 IEEE International Conference on Robotics& Automationor.Seoul：[s.n.]，2001(2):1475-1480.

[116] TZAFESTAS C，VELANAS S，FAKIRIDIS G.Adaptive impedance control in haptic teleoperation to improve transparency under time‐delay[C]//2008 IEEE International Conference on Robotics and Automation.[s.l.：s.n.]，2008，212-219.

[117] 吴浩杨.基于模拟退火机制的多种群并行遗传算法[J].软件学报，2000，11(3):416-420.

[118] SETH A，SU H J.Sharp:a system for haptic assembly & realistic prototyping [C]//2006 ASME International Design Engineering Technical Conferences and Computers and Information in Engineering Conference.[s.l.：s.n.]，2006:1-8.

[119] SHUANG B，CHEN J P，LI Z B.Microrobot based micro‐assembly sequence planning with hybridant colony algorithm[J]. International Journal of Advanced

Manufacturing Technology，2008，38(11)：1227-1235.

[120] SON C. Correlation between learning and fuzzy entropy in control of intelligent robot's part macro‐assembly tasks with sensor fusion techniques[J]. Robotics and Computer-Integrated Manufacturing，2007，23(1)：47-62.

[121] 武殿梁，杨润党，马登哲，等．虚拟装配系统及其关键技术[J].上海交通大学学报，2004(9)：1539-1543.

[122] 程成，陈由迪，戴国忠.基于场景的虚拟环境用户界面研究及实现[J].系统仿真学报，2000，12(5)：534-539.

[123] JUNG B.Knowledge-based assembly simulation for virtual prototype modeling[C]//Proceedings of the 24th Annual Conference of IEEE Industrial Electronics Society. Aachen：[s.n.]，2009.

[124] LEE K，GOSSARD D C. A hierarchical data structure for representing assemblies [J].Computer Aided Design，2005，17(1)：15-19.

[125] PERE E，LANGRANA N，GOMEZ D，et al.Virtual mechanical assembly on a PC‐based system[C]//Proceedings of 2001 ASME Design Engineering Technical Conference and Computersin Engineering Conference.Irvine：[s.n.]，2001：96‐102.

[126] JING F，JIN X D.KVAS：a knowledge-based virtual assembly system[C]//2001 IEEE International Conference on Systems，Man，and Cybernetics.[s.l：s.n.]，2007，2：1041-1046.

[127] SETH A，SU H J.A desktop networked haptic VR interface for mechanical assembly [C]//Proceedings of ASME International Mechanical Engineering Congress and Exposition.[s.l：s.n.]，2005：173-180.

[128] IGLESIAS R，PRADA E，URIBE A. Assembly simulation on collaborative haptic virtual environments[C]//15th International Conference in Central Europe on Computer Graphics，Visualization and Computer Vision.[s.l：s.n.]，2007：241-247.

[129] IGLESIAS R，CASADO S，GUTIERREZ T.A peer‐to‐peer architecture for collaborabive haptic assembly[C]//10th IEEE/ACM international Symposium on Distributed Simulation and Real Time Applications.[s.l：s.n.]，2006：25-34.

[130] 陈晨，周建钊，何晓晖，等.虚拟装配及运动仿真系统设计与实现[J].装备制造技术，2020，11(11)：52-55.

[131] 潘仁宇，孙长乐，熊伟，等.虚拟装配环境中碰撞检测算法的研究综述与展望[J].计算机科学，2016，43(11)：136-139.

[132] 龚卓蓉.Vega程序设计[M].北京：国防工业出版社，2002.

[133] TANG Q H，WEI G Q，CHEN D F，et al. Research into virtual assembly system based on WTK[J].Journal of Wuhan University of Technology (Transport

and Engineering)，2005，26（2）：323-326.

[134] PENG J L，KUO J C-C.Progressive geometry encoder using octree-based space partitioning[C]//2004 IEEE International Conference on Multimedia and Expo.[s.l：s.n.]，2004.

[135] 罗自荣，常明，肖人彬.面向虚拟环境的场景管理关键技术及其实现研究[J].系统仿真学报，2007(6)：891-897.

[136] 刘雁翎，诸昌铃.一种适合处理动态场景的交互树[J].计算机应用，2001，21(11)：7-9.

[137] NEUBAUER A，STEFAN W，THERESE F M，et al.Advanced virtual endoscopic pituitary surgery[J].IEEE Transactions on Visualization and Computer Graphics.2005，11(5)：497-506.

[138] SIMON H.神经网络原理[M].北京：机械工业出版社，1998.